Johannes Heller

Deutschland und Frankreich in ihren politischen Beziehungen

Johannes Heller

Deutschland und Frankreich in ihren politischen Beziehungen

ISBN/EAN: 9783743327009

Hergestellt in Europa, USA, Kanada, Australien, Japan

Cover: Foto ©ninafisch / pixelio.de

Manufactured and distributed by brebook publishing software
(www.brebook.com)

Johannes Heller

Deutschland und Frankreich in ihren politischen Beziehungen

DEUTSCHLAND und FRANKREICH

in ihren politischen Beziehungen

vom Ende des Interregnums bis zum Tode Rudolfs von Habsburg.

Ein Beitrag

zur Reichsgeschichte des 13. Jahrhunderts.

Von

Dr. Joh. Heller.

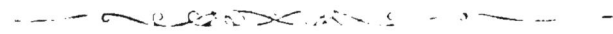

Göttingen.

Robert Peppmüller,

1874.

Meinem Vater.

Vorwort.

Zu keiner Zeit, seitdem die deutsche und französische Nation bestimmter geschieden sind, hat es an Beziehungen derselben zu einander gefehlt. Von Anfang an war jede Berührung feindlich, denn es gab keine von der Natur gesetzte Grenze, die die Nachbarn trennte. Beide sassen in den lothringischen Landschaften, beide machten darauf Anspruch sie zu eigen, sie ganz zu besitzen. Die Karolinger drangen mit ihren Ansprüchen nicht durch und die Kapetinger, die bald die Politik ihrer Vorgänger aufnahmen, waren nicht glücklicher, auch kämpften sie mit weniger Berechtigung und offenbar geringerem Eifer: es ist zu keinem offenen Ausbruch der Feindschaft gekommen. Dafür hatte man an ihrem Hofe neue und grössere Ziele. Gewiss war es nicht aufgegeben, die Grenzlande dem Reich zu entfremden, aber vor allem sann man doch darauf, der Bevormundung durch das deutsche Kaiserthum ledig zu werden: das sollte mit Hilfe des Pabstthums geschehen. Es gelang denn auch Philipp II. August auf dem Felde von Bouvines seinem Lande eine dauernde Gleichstellung zu sichern. Von da mehrt sich das französische Ansehn im Auslande ununterbrochen im gleichen Grade wie die Stärke seines Königthums daheim, bis sich beides unter Philipp IV. zu seiner grössten Höhe erhebt. Frankreich ist jetzt die vorherrschende Macht in Europa. Aber das war es zum guten Theil durch die Schwäche geworden, in der sein östlicher Nachbar, besonders im Interregnum, daniederlag; das konnte es nur bleiben im steten Gegensatz zu ihm, dem altberechtigten Erben der höchsten Güter in der Christenheit. Das Verhältnis Philipps IV. zu Deutschland, besonders zu den Zeiten Adolfs, Albrechts, Heinrichs — doppelt interessant, weil die verschiedensten anderen Mächte eingreifen, die Fäden europäischer und deutsch-französischer Politik sich fortwährend berühren — zu schildern, war meine ursprüngliche Absicht. Doch ward mir bei der Arbeit selbst immer mehr klar, wie ungenügend das Resultat ausfallen würde, wenn die kurz voraufgehenden Jahre, die Jahre vom Interregnum bis zu Rudolfs von Habsburg Tode, ununtersucht blieben. Wol findet sich hier oft wenig, spärlich fliessen die Quellen, und hüben und drüben treten keine Persönlichkeiten entgegen, die eine besondere Theilnahme erwecken: es kostet Ueberwindung statt jener reichen diese armseligere Zeit aufzusuchen; doch aber liegen hier die Anfänge für spätere, grössere Kämpfe. So habe ich den Versuch gewagt, diese Zeiten nach der angedeuteten Richtung hin im Zusammenhange darzustellen, wobei denn freilich nichts Fertiges erreicht, häufig auf das Spätere hingewiesen werden musste: dies selbst, die deutsch-französische Politik in der Höhezeit Philipps IV. zu behandeln, sei ein andres Mal erlaubt.

Man gestatte mir, an dieser Stelle meinem verehrten Lehrer, Herrn Professor G. Waitz, meinen wärmsten Dank auszusprechen für die freundliche Theilnahme, mit der er alle meine Studien begleitet hat; auch speciell zu dieser Arbeit empfieng ich von ihm die erste Anregung: sie ist unter seiner Leitung entstanden und sie verdankt ihm, was etwa in ihr erreicht sein mag.

Göttingen, 28. März 1874.

Joh. Heller.

Inhaltsübersicht.

Einleitung.

Der Sieg von Bouvines hatte einen Wendepunkt in der Geschichte der Beziehungen Frankreichs zu Deutschland begründet; wol war durch ihn Friedrich II. seines welfischen Gegners ledig geworden, doch allein mit Hilfe der Franzosen, durch deren Hand die Blüthe der sächsischen Männer in den Staub gesunken war. Das Bezeichnende aber ist, dass an jenem Tage die Bestrebungen Philipps II. August ihren Abschluss fanden, die Frankreich gleichberechtigt neben Deutschland stellen, ihm damit einen dauernden Einfluss auf das Reich sichern sollten.[1]) Bis jetzt war das französische Königthum noch gezwungen gewesen, zu kämpfen um seine Unabhängigkeit von der Lehnshoheit des römischen Kaisers; Philipp zum ersten Mal hatte selbständig eingegriffen in die deutschen Verhältnisse, einen Kaiser gestürzt und dem Reich gleich den andern gegeben, Frankreich aber war dadurch mächtiger

---

1) Die Politik Philipps II. August Deutschland gegenüber bis zur Schlacht bei Bouvines behandelt Scheffer-Boichorst, Deutschland und Philipp II. August von Frankreich in den Jahren 1180—1214 (Forschungen z. D. Gesch. Bd. VIII, 467—562); über die Beziehungen Friedrichs II. zu Frankreich siehe Huillard-Bréholles, hist. dipl. Frid. II, Introduction p. CCLXXXVII—CCCXXIII (Relations diplomatiques de Frédéric II. avec les rois de France).

geworden denn je. Als nach einem halben Jahrhundert
wiederum ein französischer Herrscher gegen Deutschland
aufstand, geschah es nicht mehr zur Stärkung des Königthums, noch allein um die weitvorgeschobenen Westpro-
vinzen Lothringen und Burgund dem Reiche zu entfremden,
es geschah um die deutsche Königskrone selbst und mit
ihr die Krone des heiligen römischen Reichs an das Haus
der Capetinger zu bringen: es mochte das als das einfachste
Mittel erscheinen, die streitigen Fragen zwischen den beiden
Nachbarstaaten zu Gunsten Frankreichs zu lösen, und es
ist zugleich der erste Versuch, dem letzteren einen übermächtigen Einfluss in Europa zu verschaffen.

Philipp selbst freilich, nach anderen Seiten hin beschäftigt,
erscheint nicht wieder in die deutschen Angelegenheiten
verwickelt. Auch seinem Sohne Ludwig VIII. lag der
Kampf gegen die Ketzer mehr am Herzen. Die guten
Beziehungen zu den Staufern blieben daher in Zukunft
wol bewahrt; selbst als die französischen Kreuzfahrer 1226
auf dem Boden des Reichs erschienen und Avignon nach
dreimonatlicher Belagerung nahmen, liess Friedrich II. lieber
hier im fernsten Winkel des Reichs einige Rechte unbeachtet, als dass er die so gut bewährte Freundschaft aufgegeben hätte[1]). Sie sollte ihm von noch grösserer Wichtigkeit werden! In seiner langen Regierung hat er keinen
treueren Freund gehabt als Ludwig IX., der nach dem
raschen Tode Ludwigs VIII. den Thron bestiegen hatte.
Wol nie seitdem die beiden Nationen durch den Vertrag
von Meersen bestimmter geschieden sind, mögen ihre

---

1) Winkelmann, Geschichte Kaiser Friedrichs II. und seiner
Reiche S. 209 f. Henri Martin, hist. de France IV, 127 ff.

Beziehungen so ungetrübt gewesen, von beiden Seiten so aufrichtig gepflegt und gewahrt worden sein. Es gehört zu den erquicklichsten Eindrücken zu sehen, wie selbst in den schwersten Zeiten, trotz mannichfacher Verleumdungen, Ludwig IX. treu zu dem alten Verbündeten seines Hauses hält.

Schon die englische Politik Engelberts von Köln, gegen den Willen des Kaisers eingeleitet, führt noch zu Lebzeiten Ludwigs VIII am Ende nur zur Bekräftigung der früheren Verträge von Vaucouleurs jetzt in Trident.[1]) Auch Ludwig IX. gegenüber wurde dies Verhältnis noch zweimal, zuletzt zu Pordenone im Mai 1232, näher bestimmt,[2]) und als Friedrich II. selbst sich Heinrich III. von England näherte und dessen Schwester Isabella heimführte, wissen wir nicht, dass das alte Band, das Staufer und Capetinger gerade im Gegensatz zum englisch-welfischen Hause solange verbunden hatte, wesentlich und auf die Dauer gelockert sei.[3]) Dann in dem langen Zwist zwischen Kaiser und Pabst wahrt Ludwig streng seine Neutralität. Er ist der frömmste Sohn der Kirche, aber eben deshalb hält er sich auch fern von den Umtrieben der Curie, selbst ein strafendes Wort scheut er nicht. Als 1240 Gregor IX. ihm mittheilt, „dass er nach eingehender und reiflicher Ueberlegung mit allen Brüdern Friedrich, der sich Kaiser nenne, verurtheilt, des kaiserlichen Thrones entsetzt und den Grafen Robert, den

1) Winkelmann, a. a. O. S. 246 u. 258.

2) Winkelmann, a. a. O. S. 430 u. 469.

3) Winkelmann, a. a. O. S. 470 — Huillard-Bréholles, Introduction p. CCXCIX, schildert die momentane Entfremdung zwischen dem Capetingischen und Staufischen Haus doch wol mit zu starken Farben.

Bruder des Königs von Frankreich, an seine Stelle erhoben
habe, den nicht nur die römische, auch die allgemeine
Kirche auf das allereifrigste zu unterstützen und zu fördern
gedenke," macht dies verlockende Anerbieten wenig Ein-
druck auf Ludwig; er ist erstaunt über „den verwegenen
Versuch" des Pabstes einen Fürsten, welchem keiner in der
Christenheit voran oder auch nur gleichsteht, ohne Ueber-
führung der Schuld seines Erbes zu berauben und vom
Throne zu stürzen. „Gegen uns war Friedrich immerdar
leutselig und ein guter Nachbar."[1]) Er schlägt daher aus,
„der römischen Rachgier halber" sich in Gefahren zu
stürzen, schickt hingegen selbst Gesandte an Friedrich und
theilt ihm alles mit.

Es ist nicht unsre Aufgabe, alle diese einzelnen Beziehungen Friedrichs und Ludwigs zu einander nach der
Reihe zu entwickeln: es genügt zu wissen, dass bis an
Friedrichs Ende die Freundschaft ununterbrochen dauerte.
So versagt Ludwig selbst dem flüchtigen Pabste ein Asyl
in Frankreich und sowol auf dem Koncil zu Lyon wie
nachher konnte Friedrich keinen eifrigeren Fürsprecher bei
der Kirche finden als gerade ihn. Noch unmittelbar vor
dem Kreuzzug geht Ludwig wiederum Innocenz IV., den
er in Lyon trifft, darum an, wenigstens solange er in der

---

1) Matth. Paris, hist. maj. ed Wats, p. 464: quo spiritu vel ausu
temerario Papa tantum principem, quo non est major, imo nec par
inter Christianos non convictum vel confessum de objectis sibi crimi-
nibus exhacredavit et ab apice imperiali praecipitavit? — Nobis adhuc
insons, imo bonus fuit vicinus nec quid sinistri vidimus de eo in
fidelitate saeculari vel fide catholica. Vergl. Schirrmacher, Kaiser
Friderich II., III., S. 175 ff., an den sich die Uebersetzung der
letzten Stelle anschliosst. Huillard-Bréholles p. CCC sq.

Fremde weilt, daheim alles in Ruhe zu lassen; da Innocenz
mit eiserner Consequenz, wie schon früher, jeden Versuch
der Vermittlung von vorne herein abweist, schiebt er
dem hartnäckigen Pabste alle Verantwortung zu: „dich
mag alle Schuld treffen, erleidet die Sache des h. Landes
Abbruch."[1]) Friedrich war dankbar und unterstützte den
König auf seinem Kreuzzug thätig, während zur selben
Zeit der Pabst, ohne sich um Ludwigs Noth im h. Lande
zu bekümmern, Christen gegen Christen trieb,[2]) „auf dass
seine Herrschaft sich mehre." Auch nach Friedrichs Tod
dauerte das fort; er predigt offen das Kreuz, anstatt gegen
Saracenen und zur Hilfe des Franzosenkönigs, gegen
Konrad IV.[3]) Blanka aber, die mit kräftiger Hand die
Zügel der Regierung für ihren Sohn führte, befahl die
Güter aller der zu confiscieren, die gegen Konrad das
Kreuz ergriffen: „welche für den Pabst kämpfen wollen,
mögen auch auf Kosten des Pabstes leben, sie mögen
gehen und nicht wiederkehren." Und die Grossen, berich-
tet Matthäus von Paris, in deren Gebiet solche Predigt
ergangen war, thaten wie die Königin.[4]) Als dann Innocenz
IV. im Juni 1253 dem Grafen Karl von Anjou, jüngstem
Bruder Ludwigs IX., Sicilien und Neapel anbot, gelangten

1) Matth. Paris ad a. 1248, ed. Wats p. 650. Schirrmacher, a. a.
O IV, S. 289; frühere Vermittlungsversuche bei Schirrmacher IV,
S. 187. Lünig, cod. Ital. dipl. II., p. 907 ff. Huillard-Bréholles p.
CCCIX sq.

2) Matth. Paris p. 691.

3) Matth. Paris p. 713. ·

4) Matth. Paris p. 714: Qui papae militant, de papalibus
sustineantur et eant irredituri. Magnates insuper contermini, in quorum
terris talis praedicatio omnes signaverat, fecerunt similia et ita emar-
cuit praedicatio et signati revocabantur.

die Verhandlungen zu keinem Resultat.[1]) Durfte Karl schon
deshalb, weil sein Bruder im Morgenlande abwesend war,
sich nicht auf Pläne so folgenschwerer Art einlassen, so
kam hinzu, dass auch Ludwig seinerseits kein Hehl aus
seiner Meinung über die staufische Erbfolge in Unteritalien
machte: er sah Konrad, wie noch später Konradin als
berechtigte Herrscher an.[2])

Die Jahre des Interregnums veränderten die Sachlage;
nicht dass Ludwig seine Ansicht über die Rechtmässigkeit
des staufischen Besitzes geändert — nur Manfred mochte
er als Eindringling betrachten — aber es galt jetzt zu
verhindern, dass das wichtige Land wenigstens nicht in
fremde Hände zu Frankreichs eigenem Schaden übergienge.
Während zu gleicher Zeit die beiden Westmächte England
und Kastilien um die deutsche Krone buhlten, war schon
vorher ein anderer englischer Prinz, Edmund, in Sizilien
als Prätendent vom Pabste aufgestellt.[3]) Hätte sich der
englische Einfluss in beiden Ländern befestigt, so wäre
Frankreich auf allen Seiten von seinem eigenen Lehnsmann umgarnt gewesen. Auch Alfons von Kastilien suchte
durch das deutsche Königthum nicht zum wenigsten in
Italien festen Fuss zu fassen:[4]) da war es geboten selbst
zu nehmen, was im Besitze anderer die grösste Gefahr

---

1) Böhmer, Regesten Innocenz' IV. N2 123. Raynald, ann. eccl.
1253, § 3. Lünig, cod. Ital. dipl. II, 913.

2) Raynald 1262, § 21.

3) Lünig, a. a. O. S. 915 ff.; Pauli, Engl. Geschichte III, 695 ff.
Busson, die Doppelwahl des Jahres 1257 u. das röm. Königthum
Alfons X. von Castilien S. 8 ff.; Wurstemberger, Peter II. von
Savoyen II, 158 ff. u. 230 ff.

4) Vgl. Busson, die Doppelwahl des Jahres 1257 S. 25 u. öfter.

bringen musste, und so gab Ludwig, wenn er auch für einen seiner Söhne die Krone ausschlug, doch zu, dass Karl auf die Verhandlungen mit Urban IV. eingieng, die unter Clemens IV. zum Abschluss kamen.[1]) Es bedurfte erst wiederholter Aufforderungen des Pabstes, um Ludwig zu einer direkten Unterstützung Karls zu bewegen, die überhaupt spärlich genug geblieben ist.[2]) Solange er lebte, blieb die französische Politik im wesentlichen dieselbe: weder zum Nutzen noch zum Schaden Deutschlands hat Ludwig während des Interregnums in die Reichsangelegenheiten — einige lothringische Grenzhändel[3]) und die Intriguen gegen die Candidatur Richards von Cornwall abgerechnet[4]) — eingegriffen. Erst als er vor Tunis verschieden war, ward von neuem angeknüpft an die Bestrebungen, die seit der Schlacht von Bouvines zwar geruht, aber durch die Lage der Dinge in Italien wie in Deutschland ohne thätiges Mitwirken Ludwigs nur zu Gunsten Frankreichs gefördert waren. Es war ein Glück für Deutschland, dass in seinem Sohn ein König auf den französischen Thron gestiegen war, der seinem Ahn Philipp Augustus, an dessen Thaten er die seinen reihen sollte, nicht im entferntesten glich.

Philipp III., der Kühne genannt, obgleich der Historiker aus seiner fünfzehnjährigen Regierung keinen Zug zu

---

1) Lünig, cod. Ital. dipl. II, 933 fl.; Raynald 1262, § 20 ff.

2) Lünig II, S. 935 u. 936; del Giudice, Cod. dipl. del regno di Carlo I. e II. d'Angiò, vol. I, p. 34.

3) Sattler, Die flandrisch-holländischen Verwicklungen unter Wilhelm von Holland 1248 - 1256 S. 50 ff.

4) Busson S. 11. Diese Intriguen werden nur von englischer Seite erwähnt; B. sagt (S. 33) mit Recht, dass sie nicht eben bedeutend gewesen sein können. Vgl. Böhmer, Reichssachen 1256, № 48.

nennen weiss, der diesen Namen rechtfertigt, war so fromm
wie sein Vater, aber ganz der Kirche ergeben fand er in
seinem Handeln ihr gegenüber nicht die nöthige Selbständigkeit, die Ludwig ausgezeichnet hatte; dabei gelehrig
wo es galt dem Willen seiner Räthe zu folgen, doch
selbst weder fähig einen Plan zu fassen, noch mit Konse-
quenz was andere ihm gerathen durchzuführen.

Alles was ihm fehlte, war im reichsten Masse seinem
Oheim Karl von Anjou zu Theil geworden,[1]) dem eigentlichen
Repräsentanten der Capetinger in den folgenden Jahren.
In ihm lebten die Ideen Philipps II. wieder auf, nur den
Zeiten gemäss gewaltiger und grossartiger in ihren Zielen,
aber auch rücksichtsloser in den Mitteln: an die Stelle
der fein berechnenden Politik des Grossvaters tritt die
schlaue und gewaltthätige des Enkels, die oft um so grau-
samer erscheint, je weniger sie wie bei jenem direkt dem
Vaterlande dient, sondern ein fremdes Volk bezwingen und
den Zwecken des Usurpators dienstbar machen will.

Seinem Bruder Ludwig so unähnlich wie die „Hölle
dem Himmel"[2]) war Karl von einem französischen Grafen
ein mächtiger Fürst Europas geworden. Zum Schutz und
Halt des Pabstthums nach Italien gerufen war er kein
Werkzeug der Curie geworden, sondern hatte die Berufung
selbst nur als Mittel angesehen, seine eigene Macht, wenn

---

1) Kurz und gut charakterisiert ihn Niceph. Gregor. Byzant.
hist. (corp. SS. hist. Byz. pars XIX) vol. I, lib. V, 1. S. 123: δεινὸς
γὰρ ἦν ὁ ἀνὴρ οὐ μόνον σκέψασθαι τὰ δέοντα, ἀλλὰ καὶ
ῥᾷστα τελεσιουργὸν τὴν σκέψιν ἐν τοῖς ἔργοις ἐνδείξασθαι·
καὶ ἁπλῶς εἰπεῖν, δυνάμει φύσεως καὶ κράτει συνέσεως
μακρῷ τῷ μέτρῳ πάντας ἐνίκα τοὺς πρὸ αὐτοῦ.

2) Henri Martin, Hist. de France IV, 352.

auch auf Kosten des Schützlings, zu vergrössern. In Norditalien an seine provençalischen Besitzungen angelehnt[1]) drang er schlau in das Innere der Städte und benutzte die Factionen, sich selbst eine Partei zu schaffen: eine zusammenhängende Verbindung hier im Norden mit Frankreich herzustellen, erkannte er als seine dringendste Aufgabe. Von Sicilien aus war er Senator der Stadt Rom geworden, in Tuscien herrschte er erst als Friedensbewahrer, dann als gemeiner Reichsvikar: so umspannte er die Kirche von allen Seiten, um so furchtbarer, da er kein Feind, sondern ihr offener Freund und Beschützer war, auf seine Partei im Cardinalscollegium zählen konnte. Doch nicht genug damit; als König von Sicilien und Neapel hatte er die alten Rechte und Ansprüche auf den Orient übernommen, die Ideen, die von den Normannen den Staufern vererbt waren, lebten in ihm wieder auf. Wir finden ihn bald mit dem Titel eines Königs von Jerusalem, und was ihm noch fehlte von Anrechten an den Osten, sollte die Verlobung seiner Tochter Beatrix mit Philipp, dem Sohne des vertriebenen lateinischen Kaisers Balduin II. ersetzen: gegen die Zusicherung seiner Hilfe wurden ihm weitreichende Concessionen gemacht, ja Ansprüche auf Konstantinopel eingeräumt, und „erst im Besitz von Konstantinopel träumte er von der gesammten Monarchie Cäsars und Augusts.“[2]) Karl zuerst hat den Gedanken

---

1) Ueber Karls Machtstellung besonders in Reichsitalien vgl. Busson in Kopp, Gesch. der eidgen. Bünde II, 3, 35–144.

2) Niceph. Gregor. Byz. hist. lib. I, c. 1. S. 123: Ἐκεῖνος τοίνυν τὸν τῆς ὑποσχέσεως λόγον ἐν καρδίᾳ σπέρματος δίκην δεξάμενος οὐδὲν ἔτι μικρὸν ὑπονοεῖ περὶ τῶν ὅλων · ἀλλὰ τὴν ὅλην, ὡς εἰπεῖν, Ἰουλίου Καίσαρος καὶ

einer französischen Weltherrschaft gefasst, den nach ihm
Philipp IV. bis zur schwindelnden Höhe hinauftrieb und
der die folgende Periode des Mittelalters bis zu den englischen Kriegen beherrscht.

Von dem Augenblick, wo Karl von Anjou den letzten
Staufer niederwarf, beginnt ein neuer Abschnitt in der
Geschichte Frankreichs und ganz Europas: es war entschie-
den, dass von den drei Westmächten, die nach dem Unter-
gang des deutschen Kaiserthums um die vorherrschende
Stelle gestritten hatten, in der Folgezeit Frankreich prädo-
minieren sollte. Die erste Bedingung, der Einfluss in Italien
und damit der Einfluss auf das Pabstthum, war gesichert.
Gerade das letzte fühlte ihn schon bitter; es dauerte die
Sedisvacanz beim Tode Ludwigs IX. bereits das zweite
Jahr und das dritte sollte seinem Ende entgegengehen, ehe
Clemens IV. einen Nachfolger erhielt: seit den ältesten
Zeiten der Kirche war der Stuhl des h. Peter nicht so
lange unbesetzt geblieben. Der furchtbare Hass, mit dem
die Curie in unerbittlicher Consequenz das Imperium verfolgt hatte, war befriedigt worden; es hatte geschienen,
als ob allein das Sacerdotium in aller Zukunft herrschen
würde. Aber mit dem Eintritt der französischen Herrschaft
in Italien war nur der Herr gewechselt worden: hatte das
Kaiserthum noch freie Wahl gelassen, so suchte Karl von
Anjou direkt hierbei einzugreifen:[1]) Die Kirche trieb durch

---

Ἀυγούστου μοναρχίαν ὠνειροπόλει, Κωνσταντινουπόλεως
εἰ γένοιτο ἐγκρατής. — Die Verhandlungen zwischen Karl und
Balduin bei Busson in Kopp, Gesch. der eidgen. Bünde II, 3, 226 ff.

1) Am bezeichnendsten tritt das bei der Wahl des Pabstes
Hadrian IV. entgegen, Saba Malaspina VI. c. 6, Muratori SS. VIII,
p. 872.

ihren eigenen Willen ihrem Verhängnis, Avignon und
dem Exile entgegen!

Jetzt schon, bei der ersten Pabstwahl seitdem Karl
König von Sicilien, konnten die Factionen im Cardinalscolleg sich nicht einigen, ob ein französischer, ob ein
italienisch gesinnter Pabst zu wählen: da mochte selbst
einem zeitgenössischen Priester der Gedanke kommen, ob
den Stuhl in Rom nunmehr dasselbe Loos der Verwaisung
treffen sollte, das er erbarmungslos von dem Kaiserthum
und Deutschland nicht abgewendet; der Cardinal Jacob
von Colonna wenigstens schreibt zehn Jahre später in dem
Briefe, der das Buch des Jordanus von Osnabrück dem
Pabste empfehlen sollte:[1] „So habe ich gefürchtet und
fürchte ich noch, dass wenn auch die römische Kirche
dahin kommt sagen zu können, wir haben keinen König
denn den Pabst, eine solche Verfolgung über den Clerus
hereinbrechen wird, wie vor Zeiten über die Juden."

Auch die Lage Deutschlands, das noch immer mit
unsäglichem Elend den Ruhm büsste, seit den Zeiten des

---

1) Jordanus' von Osnabrück Buch über das röm. Reich, herausgegeben von Waitz (Abhandlungen d. hist. phil. Classe d. kgl. Gesellschaft d. Wissenschaften zu Göttingen, 14. Bd., 1869) S. 41: Eodem
modo timui et timeo, quod cum ecclesia Romana ad cum statum
perveniet, ut etiam possit dicere: ʿRegem non habemus nisi ponti-
ficem', tunc talis tribulatio ventura sit in clericis, qualem antea venisse
cognovimus in Judeis. — Es ist mir bekannt, dass Lorenz, Geschichtsquellen S. 307, leugnet, dass der Cardinal diesen Brief geschrieben;
er will ihn Jordanus zuschreiben. Doch hat die Anm. 3, in der L.,
die im Text ausgesprochene Behauptung begründen will, mich nicht
überzeugen können, sie ist im Gegentheil so verwirrt und voller
Widersprüche, dass grade sie der Ansicht von Waitz mit Entschieden-
heit folgen heisst. Die Note zeigt recht deutlich, dass doch in
der Sache eine „Schwierigkeit steckt."

grossen Karl die erste der abendländischen Nationen gewesen zu sein, in unmittelbarer Verbindung mit dem Lande des Pabstthums gestanden zu haben, ermöglichte ganz solche Bestrebungen Frankreichs. Das Reich war durch die langen Kämpfe zwischen geistlicher und weltlicher Macht, durch die wechselnden Ausschreitungen beider auf ihnen fremden Gebieten, sowol am Ausbau seiner staatlichen wie kirchlichen Institutionen gehindert worden. Allein die Fürstenmacht, in Frankreich zu Gunsten des Königthums gebrochen, war hier auf seine Kosten erstarkt, fast selbständig geworden: was die Zugeständnisse Friedrichs II. ihr nicht gebracht, hatte sie sich selbst in den Jahren des Interregnums genommen, das den Bestand des Königthums sogar in Frage stellte. In dieser traurigen Zeit hatte man jenseit der Vogesen Deutschland in seiner tiefsten Schwäche, ohne feste Centralgewalt gesehen, durfte man es da nicht wagen, selbst die Hand auszustrecken nach den Gütern, die zu einer ausgezeichneteren Stellung in der Christenheit berechtigten?

Auch in den Provinzen, um die so oft gestritten war, an deren Besitz die herrschende Stellung in Mitteleuropa hieng,[1]) verbreitete sich mehr und mehr der französische Einfluss: Burgund, speziell das Arelat, gehörte nur noch nominell zum Reiche und in Lothringen, besonders den unteren Theilen, war kaum noch die Grenzscheide fest zu bestimmen; zugleich oft von Frankreich wie von Deutschland belehnt fieng man an, ganz sich dem stärkeren Nachbar anzuschliessen.

---

1) Scheffer-Boichorst, a. a. O. S. 467.

So standen die Dinge, als durch den Tod Ludwigs IX.
die Bahn frei ward für die, welche die französische Politik
im neuen Sinne zu leiten gedachten: zu zeigen, wie Philipp
III. von Frankreich und Karl von Anjou, soweit sein Einfluss sich auf die französisch-deutschen Angelegenheiten
erstreckt, die römische Königswahl beeinflussten und
wie ihnen von Pabst und Kurfürsten begegnet ward,
soll die Aufgabe des ersten Abschnitts sein; die zwei folgenden aber werden die Politik Rudolfs erst gegen Philipp III.,
dann gegen Philipp IV. darzustellen haben.

I. Bemühungen Frankreichs um das Kaiserthum.

Am letzten November des Jahres 1270 betrat der junge König von Frankreich Philipp III., auf der Heimkehr von der Kreuzfahrt begriffen, bei Trapani wieder den Boden Europas. Ihn geleitete Karl I. durch seine sicilischen Staaten bis nach Viterbo, wo beide während der Fastenzeit 1271 blieben. Noch immer tagten hier die zum Conclave versammelten Cardinäle, die von den Monarchen zur endlichen Pabstwahl aufs dringendste angetrieben wurden.[1]) Die Möglichkeit, mit Erfolg in italischen· Händeln zur Vergrösserung der Macht seines eigenen Hauses einzugreifen, die Realisierung auch nur der kleinsten Pläne Karls, die über die Grenzen der apenninischen Halbinsel hinausgiengen, war zum guten Theil bedingt durch die Stellung, die die Curie in der Folgezeit ihm gegenüber einnahm: da durfte es seine Sorge sein, kräftigst dahin zu wirken, dass in dem neu zu wählenden Pabste ein Mann St. Peters Stuhl bestieg, der möglicherweise

---

1) Giov. Villani lib. VII, c. 39. Ann. Januens., Mon. Germ. SS. XVIII, p. 271: — — instanter rogarunt, quod de tali Christi vicario et Petri successore sacrosancte ecclesie Romane providere curarent, et qui Deo esset acceptabili et Christi ecclesie ac christiano populo fructuosus, et quod ipsam electionem facere non differrent, cum indecens et periculosum esset tanto tempore apostolicam vacare sedem·

ganz auf seine Ideen eingieng, keinenfalls aber der Aus-
breitung seiner Gewalt sich feindlich widersetzte. Doch
selbst die Gegenwart der Könige verfehlte ihr Ziel: ihre
Anwesenheit konnte wol die französische Partei verstärken:
die italienisch gesinnten Cardinäle werden nur mehr Grund
darin gefunden haben, ihren übermächtigen Collegen zu
widerstehn. So sahen sich denn beide nach langem, ver-
geblichem Verweilen gezwungen, unverrichteter Sache ein
jeder in seine Staaten heimzuziehen:[1] die zwei Parteien
im Cardinalscolleg aber compromittierten erst Ende des
Sommers 1271 auf sechs ihrer Mitglieder, die sich am
1. September auf einen Mann einigten, welchen zwar keine
Faction zu den Ihrigen zählte, den aber daher auch keine
als Gegner zu fürchten brauchte.[2] Thedald von Piacenza,
Archidiakon in Lüttich, als Pabst Gregor X. genannt,
weilte zur Zeit seiner Berufung noch im h. Lande: er
war ausgezeichnet durch innige Frömmigkeit und seit
lange nur kirchlichen Tendenzen ergeben stand er fern
von allem politischen Getriebe.

Seit geraumer Zeit war keine so milde, versöhnliche
Natur auf den apostolischen Stuhl berufen worden. In
seinem ganzen Thun ist nichts von der unbeugsamen Strenge
des kirchlichen Systems, das in den letzten Jahrhunderten
die Hierarchie in stetem Kampfe mit der weltlichen Macht
zu solch' imponierender Höhe gehoben hatte.

In direktem Gegensatz zu seinen unmittelbaren Vor-
gängern setzt Gregor X. nicht deren Politik gegen das
Kaiserthum fort, die mit Herbeiziehung jedes Feindes

1) Ann. Januens., a. a. O. p. 271.
2) Raynald, Ann. eccl. 1271, § 8 ff.

letzteres so tief wie möglich in den Staub zu drücken
sucht;[1]) sein Ideal ist eine allgemeine Aussöhnung aller
der verschiedensten Richtungen: sowol Kirche und Staat
wie sämmtliche Herrscher und ihre Reiche sollen in einen
grossen Bund vereinigt, noch einmal alle Glieder der
Christenheit gegen das h. Land geführt werden. Diese
Idee, eines höheren Zweckes halber einen allgemeinen
Frieden herzustellen, tritt bei allem was er als Pabst unter-
nommen hat, in den Vordergrund und ist für die Beendigung des Interregnums wie für die neue Stellung des in
der Lage zu seinen Nachbarn inzwischen gänzlich veränderten
Reichs von grosser Bedeutung gewesen. Denn ohne die
leitende Kaisermacht schien ein solches Ziel kaum zu erreichen, dagegen war es desto näher gerückt, je stärker
die letztere war: er hat sich daher nächst den Reformen,
die in der Kirche durchzuführen waren, deren Restauration
dringend am Herzen liegen lassen.

In einem uns erhaltenen Schreiben legt er selbst
seinen Standpunkt deutlich dar.[2]) Er ist durchdrungen

---

1) Ottokar, Reimchronik c. 104, Pez, SS. rer. austr. III., p. 117:
    Dacz Rom zu den zeiten waz
    Ain pabst von dem ich laz,
    Daz er der christenheit
    Pflag mit rechtigkeit,
    Er waz diemutig und gewissen
    Und hat sich gevlissen,
    Daz er tet vollichleich
    Was nucz waz dem reich.

2) Bei Raynald 1274, § 56 an den Erzbischof von Salzburg
gerichtet; bei Theiner, Cod. dipl. dom. I, № 336 an König Rudolf.
— Schon Waitz in seiner Ausgabe des Jordanus S. 10 Anm. 3
macht auf die Aehnlichkeit der hier ausgesprochenen Grundsätze
mit denen des Jordanus aufmerksam.

von der engen Zusammengehörigkeit des Pabst- und
Kaiserthums: beide bilden erst in ihrer Vereinigung, analog
wie Körper und Seele im einzelnen Individuum, das
organische Gebilde der Christenheit. Daher ist ihm auch
der jetzige sieche Zustand der abendländischen Welt erklärlich: „denn das Reich ist durch die Vacanz des apostolischen Stuhls dessen, der es zum Heile führt, beraubt; die
Kirche aber steht den Einfällen ihrer Unterdrücker offen,
da sie ohne Kaiser ihres Beschützers entbehrt."[1]) Sorgen
demnach beide für einander, so ist jeder nur für sich selbst
thätig. „Verständig ist es anderen beizustehen, wenn
deren Wolfahrt einem selbst zum Nutzen gereicht."[2]) Aus
diesen Gründen, sagt er, richte er seine fortgesetzte Aufmerksamkeit auf die Restauration des gesunkenen Kaiserthums. Der Verlauf dieser Restauration interessiert auch
uns bis zu einem gewissen Grade, insofern hier nämlich
zum ersten Male wieder die französische Politik in die
deutschen Angelegenheiten eingreift.

Wir sind über die französischen Pläne, da sie nicht
zur Durchführung kamen, nur sehr spärlich, über die Mittel,
mit denen ihnen entgegengewirkt ward, fast garnicht unterrichtet. Die Relation einer französischen Gesandtschaft[3])

---

1) Imperium namque in apostolice sedis vacatione sue destituitur
a rectore salutis: ecclesia vero in throni cessatione Caesarei oppresso-
rum patet incursibus, dum suo defensore privatur.

2) Consulte namque illis assistitur, quorum cedere debet prospe-
ritas in auxilium assistentis.

3) Publiciert in den Documents inédits; Melanges hist. I, S. 652
ff. durch Champollion-Figeac unter dem Titel: Relation d'une entrevue
entre les ambassadeurs du roi Philippe le hardi et le Pape Gregoire
X., touchant les prétentions du dit roi à l'empire des Romains; suivie
de l'avis du roi de Sicile sur le même sujet.

hat uns allein Kenntnis erhalten von Vorgängen, die auf
die schnelle Wahl Rudolfs und damit indirekt auf die
Beendigung des Interregnums von entscheidendem Einfluss
waren.

———————— ——

Am 2. April 1272 war in England der Tod Richards
von Cornwall erfolgt. So unbeachtet auch sein Ende in
den deutschen Landen blieb, doch brachte das Dahinscheiden
des einen der Gegenkönige neues Leben in die Wahl-
angelegenheiten des Reichs.

Während die Fürsten, deren Amt es geworden war
für ein Oberhaupt zu sorgen, allmählich sich aufzuraffen
begannen, an der Spitze Erzbischof Werner von Mainz.
regte sich auch auf der andern Seite der langjährige
Gegner und Mitbewerber Richards, Alfons von Kastilien:
zwei Gesandte, sogleich an den Pabst abgeordnet, forderten
für ihren Herrn, der jetzt für den allein berechtigten sich
erklärte, Salbung, Weihe und die Krone des Reichs und
zugleich die Bestimmung eines Tages, an dem die Krönung
stattzufinden habe.[1]) Gregor, der längst erkannt hatte,
wie wenig geschickt und auch nur gewillt der Kastilier
war, dem traurigen Zustande des Reichs abzuhelfen, wie
eine Begünstigung seiner Bestrebungen nur eine Fortsetzung
des Interregnums hiess, an einen Kreuzzug aber, dem der
neue Kaiser vorstehen sollte, vollends nicht zu denken
war, schlug alles Verlangte ab. Solange die Kurfürsten,

1) Theiner, Cod. dipl. I, № 323 (Gregors Antwortschreiben).
Auch Raynald 1272, § 33 ff.

die sich an Richards Wahl betheiligt, nicht gefragt wären,
dürfe man in keiner Weise vorgehen. Da es deren Amt
sei, den König zu wählen und sie in dem friedlichen
Besitz desselben sich befänden, setze sich die Curie
nur der Gefahr aus, wenn sie Alfons anerkenne, diese
Anerkennung widerrufen zu müssen, sobald jene von ihrem
Recht Gebrauch machten und sich auf einen dritten einigten; aus dem Tode Richards aber erwachse seinem Rechte
durchaus kein nachträglicher Zuwachs. Auch Karl von
Anjou seines Reichsvicariats in Tuscien und Lombardei
zu entsetzen, weigert sich Gregor. Es kam ihm nicht in
den Sinn, Karls Macht zu brechen oder als für den römischen Stuhl feindlich zu betrachten.[1]) Mochte er auch
gerade keine weitere Vergrösserung derselben wünschen:
sein Ideal einer allgemeinen Aussöhnung der streitenden
Parteien in Europa um des Krieges gegen den Orient
willen setzte Frankreich gegenüber die Anerkennung des
neugeschaffenen angiovinischen Besitzstandes als selbstverständlich voraus. Es wurde später die vorzügliche Sorge
Gregors, des Siciliers Stellung zu Rudolf von Habsburg
auf friedliche Weise und zur Befriedigung beider zu
regeln:[2]) Karl speciell sollte schon der Lage seines Landes

---

1) Busson, die Doppelwahl des Jahres 1257 S. 97. Mit diesen
Worten widersetzt sich B. sehr richtig der entgegenstehenden Ansicht
von Lorenz, Deutsche Gesch. im 13. und 14. Jahrh. I, S. 414. —
Auch II, S. 10 und 15 stellt Lorenz es dar, als ob allein der Drang
der augenblicklichen, äusseren Verhältnisse Gregor abgehalten, das
freundschaftliche Verhältnis mit dem Anjou sofort zu lösen: es ist
wol kaum zu bestreiten, dass das eine Politik ist, wie sie uns zwar
als die natürlichste erscheint, die aber den Absichten, der ganzen
Natur Gregors sehr fern lag!
2) Kopp, Gesch. der eidgen. Bünde II, 3, 144—158.

wegen neben Frankreich und Deutschland die Hauptstütze
des künftigen Kreuzzugs werden.

Doch auch Karl I. selbst, um dessen Machtverringerung
ja eben noch der augenblicklich einzige Candidat die
Kirche angegangen hatte, der also auch das grösste Interesse
an der Neubesetzung des Thrones haben musste, blieb jetzt
nicht müssig: von den Cardinälen seiner Partei am päbstlichen Hofe gut instruiert scheint er gerade in derselben
Zeit, da von Orvieto aus jene energische Abfertigung an
Alfons erlassen wurde, die ersten Fäden seiner Intriguen
gesponnen zu haben. — Sah Karl I. die Candidatur des
Spaniers nicht weniger ungern denn der Pabst, wenn auch
aus ganz andern Gründen; sah er in dem kastilischen
König geradezu seinen natürlichen Gegner, seinen Nebenbuhler speciell auf italischem Boden — Alfons war schon
lange das erklärte Haupt der Ghibellinen in den norditali-
schen Communen — so trat an ihn die Frage heran, wie
denn überhaupt Conflikte solcher Art mit dem zukünftigen
Kaiser am leichtesten für ihn zu vermeiden wären. Er
hatte Sicilien in Besitz genommen zu einer Zeit, da es
kein Reichsoberhaupt gab: was sollte geschehen, wenn
jetzt der neu gewählte Herrscher die Anrechte der Staufer
durch die kaiserliche Würde auf sich übergegangen ansah?
oder im besten Falle auch nur in Lombardei und Tuscien
in früherer Weise zu regieren begehrte? Durfte Karl
nicht dasselbe, was er von Alfons fürchtete, auch am
Ende von jedem König erwarten, der jenseit der Alpen
von den deutschen Fürsten aus ihrer Mitte erkoren das
Reich wieder mit straffer Hand zusammenfasste und nach
alter Kaisersitte in die italischen Gebiete hinabstieg, die
fast erloschenen Rechte daselbst von neuem ins Leben zu

rufen? Da lag der Gedanke nicht fern, das einzige
Mittel anzuwenden, das den Einfluss der Anjou auf jeden
Fall sicherstellen musste, das ihn eher kräftigen, denn
mindern würde. England und Kastilien hatten sich der
deutschen Krone vermessen: es bedurfte kaum eines so
unternehmenden Kopfes wie Karls I., um den Plan zu
fassen, an die Stelle jener das viel mächtigere Frankreich
treten zu lassen, das in den innigsten Beziehungen zur
Kirche stand,[1]) dessen König, solange das Reich ohne Herrn
gewesen, in der That den Schutz der Curie im Abend-
und Morgenlande übernommen hatte.[2])

Wann diese Idee entstanden, sei dahin gestellt, seit
den Tagen aber, da Alfons' Schreiben in der Curie ange-
langt war und diese ihm jene Abfertigung zu Theil werden
liess,[3]) scheint Karls Partei am Hofe in Orvieto thätig gewesen zu sein. Sie war vor allem vertreten durch Ottobonus Fieschi, Cardinal vom Titel des h. Hadrian, der
sammt seinem ganzen Hause von den Ghibellinen aus
seiner Vaterstadt Genua vertrieben war:[4]) schon so welfisch
gesinnt, war dies nur noch mehr Grund für ihn, sich ganz
dem König von Sicilien anzuschliessen.[5]) Als des letzteren

---

1) So theilt Gregor von allen christlichen Fürsten nach seiner
Weihe dem König von Frankreich zuerst seinen Segen mit (primitias
benedictionis Philippo impertiit). Raynald 1272, § 12.

2) Ueber den glühenden Eifer Philipps III. für das h. Land siehe
z. B. Raynald 1272, § 7. Gr. muss ihn bitten, rem tamen differre;
wol eine seltene Bitte von päbstlicher Seite in dieser Zeit! — Zu
Zwecken des Kreuzzugs waren dem König die Güter der Templer
für 25,000 Mark verpfändet; vgl. Lorenz, Deutsch. Gesch. II, S. 17.

3) Das Schreiben ist datiert aus Orvieto vom 16. September 1272.

4) Ann. Jan., M. G. SS. XVIII, p. 272.

5) Ann. Jan., a. a. O. heisst es von Karl, dass er pacta et con-
foederationem firmavit cum eis; vgl. damit p. 276.

treuester Anhänger fortwährend beschäftigt, sehen wir ihn
noch wenige Monate vor seinem Tode, speciell auf des
Anjou Veranlassung,[1]) unter dem Namen Hadrian V. den
päbstlichen Stuhl besteigen. Neben ihm stand Simon de
Brion,[2]) Cardinal vom Titel der h. Cäcilia, von Geburt
ein Franzose und bevor er Cardinal wurde Kanzler
Ludwigs IX. Schon als päbstlicher Legat 1263 trieb er
in Frankreich mit berüchtigter Geschicklichkeit den Zehnten
ein, der anstatt dem h. Lande Karl I. zu gute[3]) kam:

---

1) Saba Malaspina, lib. VI, c. 6, Muratori SS. VIII, p. 872:
consulto prius rege a Cardinalibus Gallicis praeter jus et consuetu-
dinem.

2) Ueber ihn hat Fr. Duchesne, Hist. de tous les cardinaux
franc. de naissance, Paris 1660, I, S 283 ff. ausführlich gehandelt.
In dem 2. Bd. (Preuves) bringt er einiges unbenutzte Material für
sein Leben. Hiernach steht fest, dass er dem Adelsgeschlecht de
Brion aus der Touraine angehört, was bis jetzt falsch verstanden in
einen Geburtsort Brie verändert worden ist. Eine Urkunde beginnt
direkt mit den Worten: Viris venerabilibus . . . decano et capitulo
ecclesie b. Martini Touronensis Gilo de Brione miles, venerabilis. . .
domini Simonis . . . Cardinalis fratris nostri necnon Thesaurarii
dictae ecclesiae b. Martini . . . procurator generalis salutem et reveren-
tiam cum honore. Damit stimmt überein Chron. Gaufr. de Coll.,
Bouquet, Recueil XXII, 6. — Thresorier der Kirche des h. Martin
ward er nach Raoul de Grosparmy von Ludwig IX. zum Kanzler
Frankreichs ernannt (1260); 1261 von Urban IV. zum Cardinal erhoben
(vgl. den Brief Ludwigs an den Erzbischof von Rouen ap. Bouq. XXI,
p. 586). Ueber ihn als Kanzler handelt ebenfalls der jüngere Duchesne,
Hist. des chanceliers et gardes des sceaux de France, Paris 1680, p.
234—236. Sonstige Nachrichten über ihn bei Busson in Kopp, Gesch.
der eidg. Bünde II, 3, 20) Anm. 4.

3) Maj. chron. Lemov., Bouquet XXI, p. 770: Super, hoc et hac
aestimatione magnum fuit murmur in ecclesia Gallicana, cum per
juramentum non crederetur beneficiatis. Novit Ihesus si bene fuit
factum: et licet iste cardinalis esset natione Gallicus et fuisset can-
cellarius regis Franciae et Thesaurarius Touronensis, bene didicerat

speciell den Deutschen abhold war er ein Freund des Anjou und erhielt als solcher 1282 unter dem Namen Martin IV. die Tiara.

Welchen Einfluss diese direkt auf die Abfassung des Briefes an Alfons gehabt haben oder ob überhaupt welchen, wissen wir nicht; auch nicht, ob sie in Deutschland Verbindungen angeknüpft haben: doch ist das immerhin sehr unwahrscheinlich;[1] nur das eine darf man wol vermuthen, dass Ottobonus in Rücksicht auf seine französischen Pläne in der Sache des Erzbischofs Heinrich von Trier so auffallend rührig gewesen ist. Der Erzbischof befand sich seit Mitte August zur Erledigung seines Streits mit dem Abt Theoderich vom St. Matthiaskloster in Trier und zur Erlangung seines ihm deshalb vorenthaltenen Palliums am römischen Hofe.[2] Nachdem das Schreiben an Alfons am 16. September 1272 abgefertigt ist, gibt Ottobonus auch in der Trierer Angelegenheit am 21. September den Schiedsspruch und beschleunigte die andern Geschäfte desselben so, dass er nach wenigen Tagen reisen konnte.[3]

Es soll nicht geleugnet werden, dass zu dieser schnellen Erledigung Heinrichs Geld viel beigetragen

---

morem Romanum ad bursarum corrosionem. Exactiones, emunctiones, compulsiones quae factae fuerunt pro ista decima et pro procuratoribus suis exprimere non novi.

1) Das darf behauptet werden mit Rücksicht auf die spätere Entwicklung der Wahlangelegenheit in Deutschland. Vgl. unten S. 30.

2) Er ist in Orvieto seit dem 15. August; Gesta Trevir. II, 96.

3) Nachdem er den Schiedsspruch erhalten hat, heisst es Gest. Trevir. II, 101: ac non post multos dies cum ipso pallio suo ad terram suam archiepiscopus est reversus. — Auf dies Zusammentreffen der Alfonsinischen Angelegenheit mit der des Trierer macht zuerst aufmerksam v. d. Ropp, Erzbischof Werner von Mainz S. 61.

hat,[1]) aber auch das ist zu natürlich, dass Ottobonus in schlauer Berechnung so gehandelt hat. Vielleicht dass er sich des Erzbischofs annahm, um für spätere Fälle ihn zum Freunde zu haben, vielleicht dass er ihm schon auf die französische Candidatur bezügliche Winke gegeben hat; jedenfalls mochte es von Nutzen sein, wenn zur selben Zeit, wo die Nachricht von der Abweisung Alfons' in Deutschland eintraf, die zugleich an die Wahlfürsten die Aufforderung involvierte selbst vorzuschreiten, auch Heinrich, so wie so der Partei des Ottobonus verpflichtet, aus Italien anlangte und die Blicke seiner Mitwähler nach einer Richtung leitete, die jenen genehm war.

Wenn wir später den Erzbischof noch einmal im Verdacht haben werden, dass er um die französischen Pläne gewusst, möglichenfalls auch eine kurze Zeit für sie gewonnen war, dürfen wir doch die Grenzen der blossen Vermuthung jetzt wie nachher nicht überschreiten, da uns keine bestimmte Nachricht vorliegt, auch er der einzige der deutschen Fürsten sein würde, der sich auf solche Anträge eingelassen, resp. dem man solche Zumuthungen zu machen gewagt hätte.

Genauer, wenn auch immer ungenügend genug, lassen sich die Verhandlungen entwirren, die von Italien aus in Frankreich eingeleitet wurden.

---

1) Gest. Trevir. II, 101. — Der päbstliche Hof begab sich Ende Mai von Rom, wo er der Krönung (27. März) Gregors halber von Ende März verweilt, zum Sommeraufenthalt nach Orvieto und blieb hier den ganzen Rest des Jahres (am 20. Mai urkundet Gr. zuletzt in Rom, Theiner I, № 321); vgl. dazu Gest. Trev. II, 96. Das bei v. d. Ropp S. 61 ff. irrthümlich aus „Urbem Veterem" entstandene „Viterbo" ist jedesmal in „Orvieto" zu corrigieren.

Zuerst scheint man am Hofe in Paris auf Schwierigkeiten gestossen zu sein; wenigstens erklären nachher die
französischen Gesandten dem König von Sicilien und den
beiden Cardinälen, erst als der Magister Peter in ihrem, d. h. in
Karls und der Cardinäle Namen Phillpp III. auf den Vortheil
aufmerksam gemacht, der besonders der Kirche aus seiner
Bewerbung um das Kaiserthum erwachsen werde, habe er
eingewilligt; fern sei es von ihm gewesen, um irdischer
Güter und Ehren willen jenen Anerbietungen sein Ohr zu
leihen.[1]) — Wer vorher das Mittelglied zwischen Orvieto
und Paris gebildet, ist kaum noch zu bestimmen: in der
erwähnten Relation wird von mehreren und angesehenen
Männern gesprochen, die Philipp zu überreden versucht
hätten; nicht unmöglich ist auch, dass Cardinal Simon die
ersten Vorschläge gemacht und dabei das Einverständnis
des Pabstes fingiert hat, um alle Bedenken des zaudernden
Königs zu zerstören.[2]) — Auch die Persönlichkeit des
Magister Peter kann nach keiner Seite hin mit irgend

1) Vers est que acunes gens et grans gens ont aucune fois parlé
au Rois de panre cest ampire, mès il ne li monstroient pas ices grans
biens et ces grans profies qui en porroient venir quant à l'esaucement
de la foi crestienne; ansoit seu plus li louént por les richeces et
por les honors terriencs; et por ce li Rois an prisoit petit la parole,
ne n'avoit pas grant cure de l'oïr. Mais quant il oït que maistre P.
li monstra, de par l'esglise, tant de biens qui en porroient venir, li
Rois, qui jà avoit certain proposement de faire le servise Nostre
Signor .... ne ne redouteroit à anpanre et à souffrir grans fais
por quoi il deût torner à l'annor Deu etc.

2) Die Entscheidung über diesen letzten Punkt hängt ganz
und gar von der Interpretation einer Stelle in der Relation ab, die
unten S. 31 besprochen wird.

welcher Wahrscheinlichkeit identificiert werden:[1]) man
möchte allein aus seinem Titel Magister auf einen an der
Pariser Universität gebildeten Geistlichen schliessen wollen.
Die Verhandlungen durch ihn müssen während des
Winters 1272—73 geführt sein, denn im Frühjahr 1273
beglaubigte Philipp bereits einen Magister Nikolaus als
seinen Gesandten beim apostolischen Stuhl; ihm ward
jener Magister Peter mitgegeben:[2]) da die Verhandlungen
durchaus in Gemeinschaft mit den Urhebern des ganzen
Plans, mit der französischen Partei der Cardinäle und
Karl von Anjou geführt werden mussten, schien er ganz
geeignet sie durch seine Kenntnis der Sachen und Per-
sonen zu fördern. Die Legaten bekamen den Auftrag, dem
Pabste unumwunden die Absicht des Königs auf die Kaiserkrone zu erklären und seinen und der Kirche Rath dazu
entgegenzunehmen: dieser sollte von ihnen in dreifacher
Weise erbeten werden; man wünschte zu wissen:

1) Ob die Kirche überhaupt dem König die Annahme
der Kaiserkrone rathe, wenn er berufen würde.[3])

---

1) Es ist zwar möglich verschiedene, die den Namen Pierre
führen, in der Umgebung Philipps nachzuweisen, aber keiner kann
bestimmter als jetzt am Hofe in Orvieto anwesend oder als sonst mit
der Curie in ausserordentlicher Verbindung stehend bezeichnet werden.

2) Auch die Person des Magister Nikolaus ist nicht näher zu
identificieren. Das angegebene Verhältnis, dass N. der eigentliche
Gesandte, P. ihm mehr als Vertrauensmann beigegeben ist, erhellt
deutlich aus der Relation. Nikolaus führt die officiellen Reden, legt
die Anträge des Königs dar und stattet auch nachher Bericht ab. —
Die Zeit ihrer Absendung aus Frankreich habe ich nach ihrer Ankunft
in Italien bestimmen zu dürfen geglaubt; diese selbst siehe unten
S. 33.

3) Por avoir consoil de l'esglise, que l'esglise li consileroit de
ceste choste de penre l'ampire se il i stoit appelé.

2) Weshalb sie das thue: denn durch die Gründe, durch die sie sich bestimmen liesse, hoffe man sich auch die Herzen der französischen Prälaten und Barone zu gewinnen, um dann der muthigeren und bereitwilligeren Hilfe derselben gewiss zu sein.[1])

3) Welchen Beistand die Kirche, speciell die ultramontane, gewähren wolle, da diese sich doch wol sehr freuen würde, wenn sie — in ihren weltlichen Angelegenheiten durch einen solchen Fürsten regiert — frei und sicher vor Beunruhigungen wäre, welche sie zu den Zeiten anderer Fürsten lange geduldet hätte.[2])

Mit diesen Instructionen ausgerüstet traten die Gesandten ihre Reise zur Curie an, die sich, bei ihrer Ankunft in Italien, schon auf dem Wege nach Lyon zu dem für das nächste Jahr dahin befohlenen Concil befand.

Anfang Juni war Gregor von Orvieto aufgebrochen[3]) und weilte seit dem 18. Juni in Florenz, wo er ungefähr

---

1) Que l'esglise li monstrat le raisons, ou fait monstrer par quoi ele li consileroit ceste chose; por ce que par ces meismes raisons poissent estre atrait li cueur de ses barrons et de ses prélas de son roiaume à voloir et à loer li ce que l'esglise li auroit consilé, au tel menière que chacuns [fust] plus ancoragiés et plus volonterius de aider à achever ce que il averoit aidé à loier et à consiler.

2) La terce chose, ce est de savoir que laide l'esglise li vouroit faire au porter et an panre si grans fais por faire lo serviso Nostre Signour, et meiment l'esglise de outre mons, qui mout se deveroit esjoïr se elle estoit governée quant à sa temporalité par tel prince et délivr seroit et à seur de turbations et des aversités que el a soffert longuement au tens de autres princes. — Ich bemerke hier, dass die Kirche „de outre mons" natürlich die italienische ist.

3) Das Itinerar in Ann. Plac. Gibell., M. G. SS. XVIII, p. 558, lässt sich für die Zeit in Florenz vervollständigen durch Villani, lib. VII. c. 42.

bis zum 4. Juli blieb; mit ihm war sein ganzer Hof und
König Karl von Sicilien. Noch während seiner Anwesenheit in dieser Stadt langten die französischen Gesandten
an, die sogleich bei der Unpässlichkeit des Cardinals Simon
in der Wohnung des letzteren eine Zusammenkunft mit
ihm selbst, dem König von Sicilien und Ottobonus hielten.[1])
Nachdem Peter berichtet, wie er seine Aufträge gelöst,
d. h. dem König von Frankreich im Namen der Anwesenden[2]) die grossen Vortheile des Kaiserthums gezeigt und

---

1) Der Pabst war hierbei nicht zugegen, da seiner im Folgenden
als eines Abwesenden, später erst in die Verhandlung zu Ziehenden
gedacht wird. Wenn also im Anfang der Relation, nachdem eben
erst ausser den 3 andern 'le pape' erwähnt ist, gleich gesagt
wird: nos asseblames tuit, so ist das eine Ungenauigkeit der Relation.
Leider werden solche Schwierigkeiten durch die Ausgabe gemehrt,
die, wie es scheint, einzelne Fehler der ancienne copie, collection
Dupuy, mitabdruckt; vgl. S. 42. — Die Anwesenheit Karls v. A. ist
nicht zu bezweifeln, zumal, als er bei einer folgenden Zusammenkunft nicht ist, ausdrücklich gesagt wird (S. 654): 'for le roi'.

2) Die Unklarheit in der Abfassung der Relation tritt ganz besonders noch einmal hervor in den Worten: et là lor deimes por
quoi nos estiens venu; an tel menire que maistre P. lor retrait premièrement les paroles ainsis com ileil chardenal li avoient parlé do
par nostre signor l'Apotole si com il disoient que vous preissiés
l'ampire etc. Busson in Kopp, Eidgen. Bünde II, 3, 201, sagt, dass
„auf Veranlassung eines Cardinals" — und zwar bezieht er sehr
richtig Anm. 1 das ileil chardenal auf Cardinal Simon — der König
v. Fr. geneigt sei, sich um die Kaiserkrone zu bewerben; er stimmt
überein mit dem Böhmerschen Regest (Add. II, № 347): „der König v.
Fr. sei auf die von einem Cardinal gegebene Veranlassung nunmehr
geneigt, sich um das Kaiserthum zu bewerben." Es fragt sich, ob
dieser Sinn der richtige ist. Es steht da: Peter wiederholt zuerst
die Worte wie sie dieser Cardinal (also Simon) im Namen des
Pabstes gesagt hatte, wie er auch sagt, dass ihr (nämlich Phil. III.)
das Kaiserthum erstrebtet. Nun kommt es darauf an, ob das was

ihn zur Bewerbung um dasselbe veranlasst habe, sei er
nun von demselben zu ihnen und dem Pabste geschickt,
diesen den Willen zu zeigen, den Gott dem König in
solcher Sache gegeben. — Auch Magister Nikolaus bestätigt,
dass sein Monarch stets den festen Vorsatz gehabt, den
Dienst des Herrn Christus zu thun, zur Ehre Gottes, zum
Lobe seines Namens und zum Heil der Kirche und des
christlichen Glaubens; kein Bedenken trage er daher, all
das Seine einzusetzen, um das Kaiserthum zu bekommen,
seit er gehört habe, dass die Erlangung des letzteren der

Simon dem Kg. sagt die Sache ist, über die im Folgenden gehandelt
wird: das Ueberreden des französischen Königs zum prendre l'empire.
Denn da gesagt wird, com ileil chardenal li avoient parlé de par
nostre signor l'Apotole, müsste S. im Namen des Pabstes das
gethan haben. Dass aber unmöglich im Namen des Pabstes die Ueber-
nahme der Kaiserkrone angerathen ist, sieht man aus dem Folgenden,
wo er nach Mitteln und Wegen sucht die Gesandten hiuzuhalten und
vier mal versichert, er habe sich die Sache noch nicht überlegt. Man
könnte eben nur sagen, dass Simon hinter dem Rücken des Pabstes
die Uebereinstimmung desselben mit seinem Projekte fingiert hat
(siehe oben S. 31). Soll dieser Vorwurf nicht auf den Cardinal
fallen, so ist die Interpretation möglich, dass mit der ersten Hälfte
des Satzes etwas gemeint ist, was mit der zweiten nichts zu thun
hat: grammatisch ist das sehr wol erlaubt, denn beide Sätze stehen
auf gleicher Höhe, durch premièrement u. si com entsprechend getheilt :
Peter berichtet sowol was Simon im Namen des Pabstes gesagt —
wir wissen nicht was — als auch was er im Namen der Anwesenden (de par eus) in Frankreich in Bezug auf das Kaiserthum ausge-
richtet hat. Es erschiene dann hiernach nicht mehr der eine Simon
als ganz besonderer Veranlasser des Plans, wie Böhmer und Bussou
wollen, sondern die 3 Anwesenden überhaupt: hierfür spricht, dass
Peter hervorhebt, dass er 'de par eus' die Angelegenheit besorgt hätte.
Richtiger würde daher auch schon Kopp I, 1, S. 10 übersetzt haben:
Philipp hätte sich entschlossen „unterstützt von Cardinälen u. nach
dem Wunsche König Karls v. Sicilien "

Weg zum Dienste des Herrn sei.[1]) — Er legt ihnen
darauf die drei Punkte vor, um deren Beantwortung sie
den h. Vater bitten sollen.

Karl und die Cardinäle hielten denn auch ihre Meinung
nicht zurück.

Sie machen die Gesandten aufmerksam, wie es nicht
am Platze sei, wenn der Pabst seinen Rath über die Annahme des Kaiserthums gegeben, noch um die Gründe,
weshalb er es gethan, und um etwaige Hilfe zu bitten:
dagegen solle man lieber den guten Willen des Königs
betonen, im Dienste Gottes, d. h. auf einem Kreuzzug
thätig sein zu wollen. Was übrigens den Punkt der
Hilfeleistung beträfe, fügen sie hinzu, „könne der König
überzeugt sein, dass er, wenn die Sache sich mache, von
der Kirche haben würde, was er nur wolle."[2])

Ihren Auftrag, der so von den in diplomatischen Geschäften wol erfahrenen Cardinälen in eine geschicktere
Form gebracht war — eine Form, die von dem Inhalt
im Grunde nichts aufgab, aber was dem Pabste lieb zu
hören war, in den Vordergrund stellte — trugen die königlichen Boten am folgenden Tage in der Audienz dem
Pabste selbst vor. Ob Gregor die Sache nicht mehr unerwartet kam — jedenfalls zeigt sein Benehmen von vorne
herein die konsequente Absicht, fürs erste auf nichts einzugehen, und zugleich das Bestreben auch durch keine

---

1) Dass Karl von Anjou recht eigentlich der war, der am französischen Hofe durch Peter unterhandeln liess, sieht man u. a. auch aus
der fast wörtlichen Gleichheit der hier (S. 653 oben) u. nachher in
Karls Memoire IX. gebrachten Ideen.

2) et bien pooit li Rois savoir que se ceste chose se faisoit, quo
il averoit de le esgliso quanquo il vouroit.

definitiv abschlägige Antwort weder den anwesenden Karl
von Anjou noch Philipp III. zu verletzen. Er versichert
daher, wie sein persönlicher Wille sei, dass die Angelegenheit nach Wunsch geschehe: er wolle überhaupt des
französischen Königs Vortheil und Ehre; aber seinen Rath
könne er nicht geben, bevor er nicht die vielen sich gegen-
überstehenden Gründe in Erwägung gezogen. Da er das
französische Königreich vor allen andern liebe, würde er sich
sehr bedenken, den friedlichen Zustand desselben zu ge-
fährden; vorzüglich aber sei er dem König von Kastilien
Gerechtigkeit schuldig: er der Richter einer Sache dürfe
nicht einem andern rathen, sie zu ergreifen, bevor der
Spruch gefällt sei. Er schliesst dann mit dem aussichts-
losen Trost: der König dürfe überzeugt sein, dass er ihn,
wenn die Sache soweit käme, mit seinem besten Rath und
all' seiner Hilfe unterstützen werde; nur vor näherer
Ueberlegung könne er nichts weiter sagen.

Der Bescheid ward nicht verändert, als die Gesandten
in Anwesenheit der Cardinäle eine neue Audienz in St.
Croce erlangten: auch hier ganz dieselben Ausreden, aber
noch grössere Versprechungen auf eventuelle Hilfe denn
vorher! Auch die Cardinäle, „die sehr begierig waren,"
setzten trotz aller ihrer Bemühungen der festen Sinnesart
Gregors gegenüber so wenig durch, dass Simon selbst den
Boten empfahl, weil der Pabst nichts mehr sagen wolle, Ab-
schied zu nehmen. Doch da Gregor hört, dass sie vor ihrer Abreise nach Frankreich noch zum König von Sicilien giengen,[1])

1) Karl hatte sich bei des Pabstes Abreise von Florenz ebenfalls
wegbegeben. Villani, lib. VII, c. 42: E lo re Carlo abitò al giardino
de 'Frescobaldi, e lo 'nperadore Baldovino al vescovando. Ma al
quarto di appresso il papa si partì di Firenze etc.

fordert er sie auf, wenn sie von jenem zurückkämen, noch
einmal vorzufragen. Als sie dem folgend später wieder
St. Croce berührten, fanden sie den Pabst ernstlich krank;
nach drei bis viertägigem Warten ward ihnen auch
jetzt nur die alte Antwort zu Theil.[1])

Mit nicht so leeren Händen wie der Pabst hatte
Karl von Anjou die Boten entlassen: sie empfiengen von
ihm für seinen königlichen Neffen ein Memoire, das in
funfzehn kurzgefassten, aber inhaltsreichen Sätzen noch
einmal den unermesslichen Vortheil, den das Kaiserthum
in französischen Händen haben würde, darlegt: wir hören
mit Interesse in ihnen die Stimme des begabtesten Zeitgenossen[2]) über das Kaiserthum und über die Uebertragung
dieser Institution auf den französischen Herrscher. Was
hier ausgesprochen war, gieng nicht verloren. Das Bewusstsein, dass erst durch den Besitz des römischen Kaiserthums
Frankreich auf die gebührende Höhe gehoben sei, lebte in
der nächstfolgenden Zeit weiter: Philipp IV. gründete auf
ganz ähnliche Ideen seinen Versuch Frankreich eine Stellung
zu verschaffen, die das Abendland umspannte. —

1) Der Pabst blieb in St. Croce bis zum 21. September nach
den Ann. Plac Gib., M. G. SS. XVIII, p. 558: et stetit ibi usque ad
10 dies exeunte Septembris (bei Ropp, Werner von Mainz S. 73 wol
durch einen Druckfehler der I. September). — Die Krankheit des
Pabstes in St. Croce erwähnen auch die Ann. Plac. Gib. a. a. O. als
eine 'magnam infirmitatem'.

2) Mancher Zug ist in dem Memoire der zur Charakteristik Karls
dienen kann; man möchte es zusammenstellen mit dem bekannten
Testamente Ludwigs IX. an seinen Sohn Phil. III.: der Unterschied
zwischen den beiden Naturen tritt trefflich hervor. Nichts verräth,
dass das zwei Brüder waren! Vgl. Bzovius, Ann. eccl. 1270, § III.

Da die Legaten von Gregor nicht die Gründe bekommen
hatten, weshalb die Annahme zu rathen sei, holt Karl
das Versäumte nach: seine Sätze sind speciell dazu geeignet, die Barone und Prälaten Frankreichs zu gewinnen.
Der Vortheil des französischen Landes und der Glanz der
Ritterschaft wird neben dem Ruhme Gottes eindringlich
hervorgehoben.

Daneben wird gezeigt, wie man auf die Curie wirken
kann. Es war damals allgemein bekannt, dass Gregor
auf nichts eifriger, denn auf einen Kreuzzug sann, dass
er ganz besonders von dem neuen Kaiser einen solchen
verlangen werde:[1] daher auch das Hervortreten der Ideen,
die dem günstig sind.

Wie geschickt hatte man es endlich verstanden, welt-
liche und geistliche Interessen in einander zu verweben!
Der Pabst musste von der Vortrefflichkeit der französischen
Candidatur überzeugt sein, wenn er das Memoire las.

Der erste Satz lehrt, wie man in allen Werken seinen
Grund auf Gott nehmen soll: was man in seinem Dienste
thut, steht da hoch, stark, unerschütterlich, man selbst als
Freund von Gott und Menschen. Daher soll kein Fürst
irdische Ehren für sich, sondern alles für den Dienst Gottes
erstreben. — Dies wird nach verschiedenen Richtungen hin
ausgeführt. — Das Beispiel der Vorfahren verlangt d's:
auch sie zogen für Gott ins Feld: Ludwig IX. war zweimal jenseit des Meeres; Ludwig VIII. starb auf dem

---

1) Ptol. Luc. hist. eccl. lib. XXIII, c. 3, Murat. XI. p. 1166;
Villani, lib. VII, c. 42. Beide Autoren schöpfen, wie jetzt bekannt, aus
derselben Quelle, den von Scheffer-Boichorst jüngst so scharfsinnig
blosgelegten Gesta Florentinorum (vgl. Archiv der Gesellschaft f. ä.
D. Geschichtsk. XII, 427 ff).

Kreuzzug in Aubigois und König Philipp gieng mit König
Richard. Wer aber von hoher Abkunft ist, muss so wie
so den Thaten seiner Ahnen nacheifern; zugleich sind auch
die Anforderungen an den Sohn eines „pruedome" grösser
als an den eines „mauvais home." Daher soll der König
einen Kreuzzug unternehmen, wie seine Väter thaten. Auch
die persönlichen Eigenschaften fordern es; Gott hat dem
König mit grosser Gnade viel bescheert: „er ist jung und
tugendhaft, kann besser die Mühen im Dienste Gottes
ertragen als es sein Vater bei seinem Alter konnte; er ist
reicher, freigebiger, unabhängiger, gerechter, muthiger."
Diese Fähigkeiten ziemen sich für einen grossen Fürsten,
der die erhabenste Herrschaft besitzen soll; und wenn es
verschiedene Weisen gibt, Gutes zu thun, kann doch der
König bei seiner Jugend nicht das Büsserhemd tragen: für
ihn bleibt kein anderer Weg zum Dienste Gottes übrig,
als das Kaiserthum zu erstreben; er thut nur seine Schuldig-
keit, wenn er die Krone ergreift! Aber ist das in der That
der einzige Weg? Karl beweist das auch: kann da noch
der König, können da noch die Magnaten Bedenken tragen,
sich nicht auf jeden Fall desselben zu bemächtigen, noch
jetzt, solange die Gelegenheit dauert? — Frankreich ist
nur Ein Königreich; die Könige, die auf dem Kreuzzug
waren, haben versucht und gethan, was sie konnten, und
da die Resultate ihrer Mühen zu Tage liegen, ist es jetzt
klar, dass sie sich vergebens gequält haben, denn der Sultan
ist mächtiger als damals: „aber wenn der König Kaiser wäre,
könnte er das Ritterthum der ganzen Welt versammeln."[1]

---

[1] mais se il es'oit anpereres il porroit cocillir chevalerie de
por tot le monde.

Doch auch für das seine würde so besser gesorgt sein, „denn die Maus ist bald gefangen, die nur Ein Loch weiss."[1]) Ist der Kaiser nämlich dem König von Frankreich günstig gesinnt, so hat das doch keinen Nutzen: im h. Lande vermag letzterer, da die Christen einer zusammenfassenden Hand entbehren, nichts auszurichten: das hat man an Philipp II. und Richard Löwenherz gesehen; ist der Kaiser aber der Kirche und dem französischen König feindlich, so kann er, wenn dieser auf dem Kreuzzug fern von seinem Reiche weilt, alles vernichten. — So muss der Kirche schon um des Erfolges im h. Lande willen alles daran liegen, dass Philipp Kaiser wird. Und wie der Kirche den französischen Landen selbst: in den folgenden Sätzen wird der Vortheil, der diese trifft, näher ausgeführt; sie sind zu charakteristisch für Karls wirkliche Meinung, als dass sie blos im Auszug gegeben werden dürften.

XII. „Wenn er König von Frankreich und römischer Kaiser ist, hütet er sich vor keinem; wenn er nur König ist, wird er in einzelnen Fällen vor dem Kaiser auf der Hut sein müssen, denn vor einem andern ist er das überhaupt nicht."

XIII. „Jetzt wird man sagen, das ist leicht zu sagen, aber schwer zu thun, das Reich in Gerechtigkeit und Frieden halten. Ich zeige, dass es sehr leicht ist. Er steht in Allliance oder Familienverbindung mit sechs Königen, dem von Kastilien, Aragon, Navarra, England, Sicilien, Ungarn; mit dem letzten, weil dieser die Tochter des Königs von Sicilien hat. Er braucht nur mit wenigen Deutschen ein Bündnis zu schliessen — und der König hat ja, was

---

1) Quar la sorris est tôt prinse qui ne seit que un pertois.

dazu nöthig ist — und mit der Kirche, die ihm alles überlässt."

XIV. „Ferner, der König ergreift das Kaiserthum nur, um den Dienst Gottes zu thun, damit er stärkere Ritterschaft gegen die Feinde des Glaubens sammeln kann; er ergreift es nicht erblich noch hauptsächlich deshalb, damit er alle die Rechte des Kaiserthums wiederaufnimmt und Frieden stiftet zwischen Lombarden und Tusciern, wenn sie schlecht und uneinig sein wollen;[1]) auch ohne dass er sein Erbland Gefahr aussetzt, da er nur Gutes thut, soweit es unbeschadet seines Vaterlandes geschieht. So ist die Sache leichter als es scheint."

XV.[2]) „Ferner ist es eine grosse Ehre•für die Ritterschaft Frankreichs und kann von grossem Vortheil sein, dass ihr Herr über alle Herrn der Welt steht. Ich weiss, dass dieser Grund nicht genügt ohne die ersten."

Es unterliegt wol keinem Zweifel, dass man in der That alle jene Gründe, die in dem Memoire entwickelt, dem Pabste vorgehalten hat. Der Dienst Gottes, der ausschliesslich gethan werden sollte, der Verzicht auf die dem Reich in Italien zustehenden Rechte und auf die Erblichkeit der Krone — es war von höchster Wichtigkeit für die

---

1) Es heisst im Text, que il mette pais antre X Lombards XL Toqs (?) se il vuelent estre mavais et divers, doch wol Verderbnisse der Copie! Sollte das XL etwas anderes sein, als ein undeutlich geschriebenes &?

2) Im Druck: XX. Ist hier etwas ausgefallen? die Edition in den Documents lässt uns über alle diese Fragen vollständig im Unklaren!

Kirche, wenn der zukünftige Kaiser sich zu dem allen bereit erklärte. Leicht war Gregor die Entscheidung nicht gemacht, denn was ward von der andern Seite geboten? War, was von den Deutschen zu erwarten, irgend im Stande ein Gegengewicht zu leisten? Hier stand noch alles in Frage. Auch nicht das kleinste Zugeständnis war gesichert: die Person des etwa zu Wählenden war noch nicht näher bestimmt, ja auch die blosse Einigung unter den Fürsten, ob zu wählen, keineswegs erfolgt.

Wenn der Pabst trotzdem die französischen Pläne weit von sich wies, müssen die ernstesten Beweggründe für ihn vorgelegen haben.

Gewiss, schon die ganze Natur Gregors widerstrebte von Grund aus einer Politik, wie sie hier vorgezeichnet war: kein Mann um sich mit so gewaltigen Ideen, die die alte Ordnung der Christenheit mit einem Schlage umwälzen mussten, zu befreunden, war er im Gegentheil recht eigentlich geschaffen, mit pietätsvollem Sinne die durch Jahrhunderte bestandene, seit Ottos des Grossen Zeit bewahrte Verbindung der römischen Kirche mit dem deutschen Königthum zu retten. War solch' ein Bestreben durch seine letzten Vorgänger, die den Capetingern eine unerhörte Macht eingeräumt hatten, unendlich erschwert worden: desto mehr ist die Energie, mit der er sein Ziel erreicht hat, und dabei die taktvolle Weise, die weder diesseit noch jenseit der Alpen das französische Haus zu verletzen wusste, hervorzuheben.

Auch die äusseren politischen Verhältnisse durften sich, falls die Capetinger den Kaiserthron bestiegen, nicht grade zu glänzend für die Kirche gestalten; namentlich jenes Ideal eines allgemeinen Friedens, das Gregor vorschwebte,

ward dadurch weiter denn je von aller Wirklichkeit entfernt.

Abgesehen davon, dass eine so immense Macht-
entfaltung Frankreichs durchaus nicht zu wünschen war
— schon rühmte sich ja Karl der Verschwägerung und
des Bündnisses mit sechs Königen — war auch eine ein-
müthige Annahme der Candidatur Philipps in Deutschland,
doch immer noch dem eigentlichen Lande des Kaiserthums,
kaum zu gewärtigen. Die lange Zwischenregierung hatte
gezeigt, dass die Blicke der Fürsten bei den letzten Wahlen
keineswegs sich durch die Herrscherfähigkeiten oder die
mächtige Stellung der zu Kürenden hatten leiten lassen,
dass sie sich vielmehr um zwei Ausländer geschaart, je
nachdem einem jeden die Ohnmacht des einen grösser als
die des andern schien und kastilisches oder englisches
Geld reichlicher in ihre Hände floss. Es war klar, dass
diese selben Magnaten sich nicht einem König unterwerfen
würden, der gewöhnt an eine Monarchie mit geordnetem
Verfassungssystem, in der die Macht der Barone zum
Besten des Ganzen gebrochen war, nicht lange geschwankt
hätte, auch ihre Gewalt zu knicken. Dabei war mancher
durch alte Bande der Freundschaft und Verwandtschaft
an das nunmehr untergegangene Haus der Staufer geknüpft
gewesen — noch waren die Anhänger Konradins, unter
ihnen Graf Meinhard von Tyrol, im Banne, Rheinpfalzgraf
Ludwig erst seit wenigen Tagen gelöst[1]) — nimmer
würden diese ihr Knie vor dem Neffen Karls von Anjou
gebeugt haben! Auch in Frankreich selbst wird man das

---

1) Am 18. Mai 1273 auf Betreiben Heinrichs v. Trier. Siehe v.
d. Ropp, Erzbischof Werner von Mainz S. 68.

gefühlt haben, da keine Spur von in Deutschland angeknüpften Verhandlungen sich nachweisen lässt. Nur Ottobonus scheint die einmal eingegangenen Beziehungen mit dem Trierer Erzbischof lebendig erhalten zu haben.[1])

Desto lebhafter blieb die französische Partei am päbstlichen Hofe thätig: man wusste, dass alles was man erreichen wollte, nur bei Gregor durchzusetzen war. Karls von Anjou Memoire lässt diese Ueberzeugung deutlich durchblicken: nur einmal und da ganz nebensächlich wird der deutschen Fürsten gedacht.[2]) Auch soll Karl es nicht an direkten Bemühungen durch „Ueberredung, Gewalt und Bestechung" haben fehlen lassen.[3])

Ebenso zeigte man sich am Pariser Hofe sehr bereitwillig auf alle päbstlichen Begehren einzugehen, die natürlich hauptsächlich auf Förderung des Kreuzzugs hinausliefen.

---

1) Alles hierauf Bezügliche zusammengestellt bei v. d. Ropp, a. a. O. S. 68 f. u. Anm. 2 u. 3. Siehe die vorige Anmerkung.

2) Nachdem der sechs Könige gedacht, mit denen Frankreich im Bunde steht, heisst es (S. 656, XIII): si que il n'i a que faire aliance h un poi d'Alemans, et li rois a bien de quoi. — Auch die Gesandten spielen, wenn überhaupt, nur einmal darauf an, dass doch eine Wahl nothwendiger Weise dem prendre l'empire vorhergehen muss; S. 653: que l'esglise li consileruit de ceste chose de penre l'ampire se il i stoit appelé.

3) Es erzählt das ein Zeitgenosse. Magister Heinrich von Isernia wartet in Bologna auf den nach Lyon ziehenden Pabst u. schreibt von hier — also wol Mitte September, da der Pabst Ende September dort durchkommt, am 2. Oct. in Placentia ist (Ann. Plac. Gib., M. G. SS. XVIII, p. 558) — nach Böhmen; er gedenkt der Neuigkeiten, die es an der Curie gab und erwähnt die Anwesenheit des Königs von Sicilien mit den Worten: severi presenciam Karoli, eleccionem de Imperatore prece, viribus, precio impedire conantis. Dolliner, Cod. epist. Prim. Ottoc. S. 11. — Ueber Heinrich von Isernia vgl. Lorenz, Deutsche Gesch. im 13. u. 14. Jahrh. I, 392 ff.

Am 28. August dankt Gregor von St. Croce aus dem
König Philipp für seinen Eifer im Dienste Gottes und
besonders für den lobenswerthen Vorsatz, zwei kriegskundige
Männer ins h. Land senden und nach deren Bericht im
nächsten Frühjahr Truppen folgen lassen zu wollen, damit
auf solange für Palästina gesorgt sei, bis das Concil von
Lyon einen Beschluss in Betreff der Kreuzfahrt gefasst
hätte.[1]) Durch denselben Brief erfahren wir, dass schon
vorher, und zwar wie Raynald meldet,[2]) von Florenz aus
Wilhelm von Macon nach Paris geschickt war; ausser der
Bitte um Gewährung der nothwendigen Gelder zur Vertheidigung der Burgen im h. Lande scheint — wenigstens
dem Resultate der Sendung nach — seine Hauptaufgabe
gewesen zu sein, die Grafschaft Venaissin für den apostolischen Stuhl zu fordern.[3]) Nach dem kinderlosen Tode
Alfons', des Bruders Ludwigs IX., im Jahre 1270 und
seiner Gattin Johanna, der letzten aus dem Geschlecht der
Grafen von Toulouse, war mit den andern Besitzungen der
Johanna auch der Comitat Venaissin an das Haus Frankreich gefallen, obgleich ein alter Vertrag vom Jahre 1228
existierte, durch welchen dem Pabste die Besitzungen des
damaligen Grafen Raimund, des Vaters der Johanna, jenseit der Rhone, d. h. also die welche im Reichsgebiet

---

1) Raynald 1273, § 35.

2) Raynald, a. a. O.

3) Gregor bittet den Erardum e Valeriaco u. Imbertum Belliloci,
comitem stabuli Galliarum, um ihre Unterstützung für Wilhelm v.
Macon. Raynald a. a. O. Diese Edlen finden sich auch sonst am kgl.
Hofe in Paris (Rayn. bringt den einen Namen etwas verstümmelt) z.
B. Bouquet XXI, S. 424 Anm. 1: Ymbertus de Bello Joco (Beaujeu
bei Lyon), constabularius Franciae, Erardus de Valeriaco, camerarius
Franciae.

lagen,[1]) abgetreten waren;[2]) doch konnte dieser Pact mit
Recht verjährt erscheinen, da die Curie nie die Ansprüche,
die auf ihm basierten, zu realisieren versucht hatte. Philipp
III. gieng auf die Forderung ein und liess durch denselben
Wilhelm dem Pabste die Nachricht von dem Verzicht der
französischen Krone zu Gunsten des h. Stuhls überbringen.[3])
Da das Antwort- und Dankesschreiben Gregors vom 21.
November datiert,[4]) so ist es möglich, dass diese Concession,
für deren Erfüllung schwerwiegende Gründe gesprochen
haben müssen, gemacht wurde, ehe man in Paris die
Wahl Rudolfs erfahren hatte, wo es also die Gunst der
Curie sich auf jeden Fall zu erhalten galt. Nur so
ist wol die grosse Nachgiebigkeit am französischen Hofe
erklärbar.

Doch von Seiten des Pabstes war schon, als er noch
in St. Croce weilte, der entscheidende Schritt gethan, der
die endliche und schnelle Wahl Rudolfs herbeigeführt hat.
Gregor, dessen Stellung von Tag zu Tag peinlicher geworden sein mag, je mehr die französische Partei drängte
und die Deutschen um nichts vorwärtskamen, erliess eine
kategorische Note an die Kurfürsten,[5]) ihnen befehlend,

---

1) Der Vertrag war zu Paris geschlossen.

2) Catel, Hist. des comtes de Tolose S. 332—337. Vgl. Dupuy,
Traitez touchant les droits du roi très-chrestien sur plusieurs estats
et seigneuries possedées par divers princes voisins (Paris 1660)
S. 406. — Die Frage der Rechtmässigkeit der päbstlichen Ansprüche
erörtert die Histoire generale de Languedoc IV, notes p 528.

3) Raynald 1273, § 51.

4) Raynald, a. a. O.

5) Die Thatsache, dass von Gregor ein solches Schreiben ausge-
gangen ist, hat endgültig v. d. Kopp, Werner von Mainz S. 72 Anm.
3 dargelegt. Zu den von ihm und andern angezogenen Beweisstellen

innerhalb einer gewissen Frist zu wählen, sonst werde er für die Besetzung des vacanten Thrones sorgen. Es ist in letzter Zeit behauptet, aus der Initiative der französischen Cardinäle sei dieser Schritt geschehen;[1]) wol natürlicher ist es und sogar durch die Quellen geboten, denselben als durchaus von beiden Parteien getroffen zu

lässt sich noch hinzufügen Ottokar, Reimchronik, Pez, SS. rer. autr. III, S. 117 ff. Die Stelle des Johann von Victring, Böhmer, Fontes I, 299 verliert dadurch allerdings an Werth.

1) v. d. Ropp, a. a. O. S. 72. Der von ihm Anm. 2 als Beweis für seine Ansicht angeführten Redeusart der Ann. Jan., M. G. SS. XVIII, p. 281: in predicto etiam anno voluntate cardinalium summo consentiente pontifice ad regis Romanorum electionem Alemanniae principes processerunt, kann ich nicht den von Ropp gewollten Werth beilegen. Diese Phrase kommt häufiger vor, z. B. in den Ann. Plac. Gib., M. G. SS. XVIII, p. 559, bei einer Gelegenheit, wo der Pabst nicht allein dem Willen seiner Cardinäle folgte: Domnus papa de voluntate cardinalium in civitate Luguduni electionem factam de predicto domno rege Rodulfo . . . confirmavit et approbavit. Bei Erwähnung derselben Sache sagt Raynald 1274, § 5: consultum tum temporis est occidentali imperio . . . Cardinalium consistorio, u. hebt darauf die persönliche Thätigkeit Gregors hervor. In der Urkunde, in der Gregor Rudolf seine Anerkennung meldet (Theiner I, № 322) heisst es: cum fratribus tamen nostris nuper deliberatione prehabita te Regem Romanorum de ipsorum consilio nominamus. Die Phrase zeigt nur an, dass Gregor wie bei allen wichtigen Geschäften den Rath der Cardinäle eingeholt, die Sache im Cardinalsconsistorium zur Sprache gebracht; so schreibt er nach Ellenh. chron., M. G. SS. XVII., p. 122: die Kurfürsten sollten wählen, alias ipse de consensu cardinalium Romani imperii providere vellet desolationi. — Uebrigens sieht man deutlich, dass die Parteien im Cardinalscolleg sich noch immer wie bei der Wahl das Gleichgewicht gehalten haben: da beider Verlangen aus entgegengesetzten Motiven auf einen Kaiser gieng, einigte man sich auf eine Weise, die jeder Faction Aussicht liess und die speciell dem Pabste als die einzig legitime gefiel.

betrachten, nur dass vielleicht eine jede aus ganz verschiedenen Motiven handelte. Denn dass die französische
Faction ihre volle Zustimmung zu jenem Schreiben gegeben
hat, ist überliefert und soll nicht geleugnet werden. Schien
es doch nur ein Zugeständnis, das man dem zaudernden
Pabste machte, das anstatt jenes Pläne zu fördern die
eigenen schneller ans Ziel führte. Die Cardinäle mochten
glauben, das Anbefohlene bleibe bei der bekannten Lang-
samkeit der Deutschen entweder ohne Resultat: dann war
nach Ablaufen der Frist — und man sorgte dafür, dass
sie kurz genug gestellt wurde[1]) — der Pabst der Wählende
und der Intrigue wieder Thür und Thor geöffnet; oder
jene hielten den Termin inne und wählten von neuem
zwiespältig: dann konnte der Pabst wiederum annehmen
und verwerfen, wen er wollte, resp. zu wessen Gunsten
oder Ungunsten man ihn stimmte, denn das stand fest,
dass nach Analogie des Prozesses zwischen Richard und
Alfons vor dem päbstlichen Forum die Entscheidung zu
suchen war. An eine Einigung allerdings dachte niemand.
Man kannte zu gut in der Curie das Verhältnis, in dem
Ottokar von Böhmen zu den deutschen Wahlfürsten stand;
man kam seiner Hoffnung auf die Krone, als wäre es
selbstverständlich dass sie erfüllt würde, bereitwillig entgegen.[2]) Zog man dann noch den Trierer auf französische

---

1) Die unten näher zu behandelnde Glosse zu der Chronik des
Gerhard de Fracheto hat als Frist einen Monat! Ottokar (Pez,
S. 118) lässt die Kurfürsten nach sechs Wochen zusammen kommen;
dass überhaupt eine Frist gestellt, hat auch Ellenh. Chron., M. G.
SS. XVII. p. 122: ut de Romanorum rege . . . providerent infra
tempus eis ad hoc a domno papa Gregorio statutum.

2) Cardinal Simon schreibt an Ottokar, Dolliner, Cod. epist. S. 10:
quia speramus vos ad imperialis fasces culminis ascensurum, quia

Seite, so war schon eine bedeutende Lücke im Wahlcolleg. Unter den fünf übrigen Kurfürsten war Engelberts von Köln Stellung zu Pfalzgraf Ludwig durch alte Feindselig- keiten getrübt,[1]) ohne deren Wegräumung kaum ein Einvernehmen zu erzielen war; die Herzöge von Sachsen und die Markgrafen von Brandenburg waren separatim auf Siegfried von Anhalt als ihren Candidaten übereinge- kommen:[2]) in der That, es schien, als ob man von diesen in den nächsten Monden noch keine abschliessende Ver- einbarungen zu erwarten hätte.

Und doch erfolgten diese auf der Stelle: das Schreiben muss eine ausserordentliche Wirkung hervorgerufen haben. Mag auch die Nachricht, dass man ihnen das Recht der Wahl kürzen wollte,[3]) weil sie so lange gezögert, es zum

potius ardentibus desideriis prestolamur etc. ; er empfiehlt ihm dann den Heinrich von Isernia. Dieser schreibt an Bischof Bruno v. Olmütz: si idem rex in apicem erectus fuerit imperatorie dignitatis, secundum quod credimus et eciam affectamus. Bei der Stellung, in der Bruno zu Ottokar stand, erfuhr dieser das natürlich wieder. — Dolliner S. 10 setzt die Briefe richtig in den September 1273. Ropp polemisiert daher grundlos (S. 70 Anm. 3), weil er sie ins J. 1272 gerückt hätte.

1) v. d. Ropp, Werner v. Mainz S. 66.

2) v. d. Ropp, a. a. O. S. 74 f.

3) Noch eine andere Drohung bringt Ottokar c. 104, Pez III, S. 117:

Er gepot in geleichs
Den pfaffen bei irm ambt,
Daz sy dez wurden nicht verdampt,
Und bei dem pan den layen.

Das Benehmen der Kurfürsten nennt unser Poet in seinem patriotischen Zorn kurz vorher: . . . . . . daz tändeliru

Daz die drei mit sampt den virn
Dem reich teten zu gevär.

Besten des Ganzen geltend zu machen, den heftigen Groll der Fürsten erregt haben: es war jetzt keine Zeit sich solchen Gefühlen hinzugeben. Es deutet alles darauf hin, dass mit dem Briefe Gregors auch das Gerücht über die Alpen gekommen ist, wer als eifrigster Bewerber um die Kaiserkrone dem Pabste anlag, denn es ist offenbar kein blosser Zufall, dass gerade die vier rheinischen Herren am eifrigsten für eine Neuwahl thätig sind. Will man den Fürsten, die das Interregnum gemacht, nicht iel Sinn für die Ehre ihres Vaterlandes zutrauen — so war es wenigstens die bedrohte Selbständigkeit der Einzelnen, die zur lange geschwundenen Einigkeit zurückführte.

Es ist sehr richtig darauf hingewiesen worden, dass in Deutschland eine solche schon unter den rheinischen Kurfürsten mit dem 28. Juli angebahnt war, an dem Engelbert von Köln durch Werner mit dem Pfalzgrafen Ludwig ausgesühnt und eine Uebertragung der Streitfragen auf ein Schiedsgericht festgesetzt war, dass aber die Unterhandlungen von neuem bei der Persönlichkeit des Königs ins Stocken kamen.[1], Da der Pabst Anfang Juli nach St. Croce kam, hier noch einige Zeit verstrichen sein kann, ehe die Note abgeschickt sein wird, darf man die Ankunft derselben in Deutschland Mitte bis Ende August setzen. Auf der Stelle beginnt nun die Thätigkeit der rheinischen Wähler. Am 1. September vereinigen sich Werner von Mainz und Pfalzgraf Ludwig: Werner ist bereit für

---

1) v. d. Ropp, Werner von Mainz S. 74 ff. Ich kann mich im Folgenden für die Vorgänge vor u. bei der Wahl nur den trefflichen Untersuchungen v. d. Ropps anschliessen, auf die ich ein für alle Mal verweise.

4*

Ludwig zu stimmen; sind die übrigen Fürsten gegen Ludwigs Wahl, wollen sie beide entweder auf Rudolf von Habsburg oder Siegfried von Anhalt zusammenstimmen. Als
Ludwig sieht, wie seine Candidatur keine Aussicht auf
Geneigtheit der Collegen hat, wird sie aufgegeben; zwar
schwankt jetzt noch einmal der Erzbischof von Trier —
ob durch französischen Einfluss? — doch da die drei andern
rheinischen übereinkommen, ohne ihn zu handeln, gibt er
nach. Auch die Herzöge von Sachsen werden durch
einen Heiratsantrag für Rudolf von Habsburg gewonnen und
damit die Wahl ihres Verwandten, des Anhalters, ausge-
schlossen. Während Burggraf Friedrich von Nürnberg
Rudolf von dem allen in Kenntnis setzte, versammelten
sich die Fürsten am 29. September, dem von Werner ange-
setzten Termin, zu Frankfurt;[1]) nach angestrengter Berathung -- „sie sassen spat und früh an dem Rath wol an
drei Tag"[2]) — ward am 1. October Rudolf als römischer
König proklamiert.

So gewiss es ist, dass dies Resultat der päbstlichen
Note der französischen Faction ganz unerwartet kam, so
gewiss darf es auch sein, dass es durchaus den Wünschen
Gregors entsprach.

Eine kürzlich publicierte Randbemerkung zu der
Chronik des Gerhard de Fracheto[3]) gibt ebenfalls an, dass

---

1) Wenn man mit Ottokar (Pez S. 118) zwischen dem Wahl-
ausschreiben Werners u. dem Wahltag sechs Wochen hingehen lässt,
würde — angenommen, dass letzterer sogleich nach dem Empfang
des päbstlichen Schreibens seine Dispositionen getroffen — sich für
Ankunft der päbstlichen Note auch hiernach Mitte August ergeben.

2) Ottokar c. 104, Pez S. 118.

3) Nach Mittheilung Fickers aus einer Handschrift zu Venedig
publiciert von Busson in Kopp, Gesch. der eidg. Bünde II, 3, 338

Gregor geschrieben, wenn nicht innerhalb der bestimmten
Zeit gewählt sei, werde er, der Pabst, der einen Kaiser zu
einem Kreuzzug brauche, die Ernennung übernehmen;
wünsche man das nicht, so solle man eilends küren, wen
man wolle. Aber der Pabst sei überzeugt gewesen, fügt
der Glossator hinzu, dass die Fürsten zu dem gesetzten
Termine nicht übereinstimmen könnten, er habe nur das
Ultimatum gestellt, um nach Ablauf der Frist den König
von Frankreich zum Kaiser zu machen. „Und sein Motiv
war heilig und gut, weil der welcher Kaiser sein soll,
gross dastehen muss in der Fülle seiner Macht und seines
Reichthums und in der ganzen Christenheit keiner dem
Könige von Frankreich gleicht." — Obgleich diese Notiz
einen lehrreichen Blick thun lässt in das Getriebe der damaligen Politik und dadurch dafür bürgt, dass ihr uns
unbekannter Autor nicht ohne Kunde jener Verhältnisse
war, doch wäre es falsch nach ihr allein das Urtheil über

Beilage 5. Die Stelle des Gerhardus de Fracheto ist wörtlich entnommen
dem Ptol. Lucens., hist. eccl. lib. XXIII, c. 3 (Murat. SS. XI,
p. 1106). Die Randbemerkung ist, wie der Herausgeber bemerkt, von
der Hand der Fortsetzung, die sich an das unter Johann XXII.
geschriebene Hauptwerk selbst schliesst. Sie ist übrigens in keiner
Verbindung mit demselben u. wol die Aufzeichnung eines Prediger-
bruders aus Parma. — Die Glosse heisst: Et nota diligenter quod
iste papa desiderabat facere passagium et tunc non erat imperator
et cogitavit facere imperatorem regem Francie unde mandavit electo-
ribus quod infra mensem eligerent quem vellent alias volebat quod
eleccio non valeret credens quod ipsi electores non possent concordare
infra mensem et tunc cogitavit ego eligam regem Francie. Et motivum
suum erat sanctum et bonum quia ille qui debet esse imperator
oportet quod sit potens in potentia et dives in diviciis et in tota
christianitate non est similis regi Francie. Electores autem recepto
mandato domini pape statim concordaverunt in dominum Rodulfum.

die Absichten des Pabstes zu formulieren. Wo es die Aufgabe ist, den Intentionen nachzuspüren, die jemandes Handeln leiteten, wird man mit Recht auch das frühere und spätere Wirken desselben zu Rathe ziehen, wenn es so offen zu Tage liegt und die Stabilität der Gesinnung so wenig verborgen ist, wie bei Gregor.

Offenbar ist die Glosse das Abbild der Wünsche, wie sie im französischen Lager lebten. Gregors Zwecke und Hoffnungen waren vor wie nach der Wahl wesentlich andere: sie werden auch jetzt, wo sie letztere unmittelbar beeinflussten, die gleichen gewesen sein.

Die französische Gesandtschaft war vom Pabste kühl aufgenommen; er hatte die Boten nicht jeder Hoffnung beraubt, denn in Deutschland stand noch alles in Frage, aber sich auch durch kein Zugeständnis ihnen gegenüber irgendwie gebunden. So erwähnt nicht ein einziger der Briefe, die von der Curie nach Paris abgiengen, die Sache der Legaten: obwol Bitten aller und der bedeutendsten Art vorgebracht werden, herrscht doch hierüber ängstliches Schweigen. Als Gregor nun im Interesse der Kirche — die französische Cardinalspartei zum Vortheil des Capetingischen Hauses — die Neubesetzung des Thrones will, verfährt ersterer auch jetzt nach seinem alten Princip. Alfons Bewerbung hatte er zurückgewiesen, um der Wahl der Kurfürsten nicht vorzugreifen; auch Philipps Vorschläge aus ähnlichen Gründen abgeschlagen: schon um Alfons Willen, in dessen Sache er noch Richter ist, wolle er auf nichts eingehen. Da trotz alledem die Kurfürsten lässig bleiben, lässt er ihnen endlich seine Mahnung, verbunden mit jener Drohung zukommen. Es mag immerhin sein, dass es seine

Absicht gewesen, wenn auch dies Ultimatum ohne Wirkung
bliebe, garnichts in Deutschland zu erreichen wäre, den
mächtigsten König der Christenheit, der am besten zum
Kreuzzug gerüstet, am bereitwilligsten zur Ausführung
erschien, direkt zu begünstigen; auch dem Drängen der
Factionen würde er ohne Rückhalt, trotz aller seiner Ab-
neigung gegen die französische Candidatur, schwerlich
länger widerstanden haben. Nur soweit wird es erlaubt
sein, dem Glossator recht zu geben.

Was in der Folge geschah, zeigt das deutlich.

Gewiss musste gerade des Habsburgers Wahl Gregor
manches Bedenken einflössen; er hatte zum „Dienste Gottes"
einen mächtigen und reichen Herrscher nöthig, wie etwa
Philipp III. oder Ottokar von Böhmen; dennoch fügt er
sich. Auf rechtlichem Wege, für den er immer eingetreten,
war der Thron wieder besetzt, durch einen König aus
deutschem Volke all' jener fatalen Ambition um ihn ein
Ende gemacht: da war für ihn, falls jener seine Verpflich-
tungen gegen den heiligen Stuhl erfüllen würde, kein Ein-
spruch möglich. Und da die Deutschen selbst Rudolf gewählt hatten, so durfte man hoffen, dass sie ihm auch
als Führer des Kreuzheeres folgen würden.

Aehnlich dachte man in Frankreich: man verbarg sich
nicht, dass Gregor dem von sechs Wahlfürsten Erkorenen
seine Anerkennung kaum versagen würde. Seit dem Be-
kanntwerden der Wahl erfahren wir daher nichts mehr
von Bemühungen Philipps um den deutschen Thron.
Rudolf aber ward, da er in allem dem Pabste entgegen-
kam, da er ohne Zaudern das aufgab, um was Otto IV.
und Friedrich II. in jahrelangem Streite gekämpft hatten,

am 26. September 1274 definitiv anerkannt.[1]) Selbst die
Proteste des der Curie so ergebenen Ottokar verhallten
ungehört den Zugeständnissen Rudolfs und der durch sie
gesicherten Eintracht gegenüber.

So war Deutschland für dies Mal noch errettet von
der drohenden Gefahr, dem französischen Monarchen unterworfen zu werden. Auch das Kaiserthum schien ihm geblieben
zu sein; wenigstens war wieder ein deutscher König vorhanden, der als einzig berechtigt galt, den römischen
Thron zu besteigen.[2]) Und doch, wie tief war das deutsche Königthum gesunken, noch seit den Tagen Alfons'
von Kastilien und Richards von Cornwall gesunken! speciell
die französische Candidatur hatte das recht deutlich an
das Licht gebracht. Jene hatten den Thron noch aus den
Händen der Kurfürsten zu erhalten gesucht, von dem
Pabste als höchstem Schiedsrichter nur die Entscheidung
der zwiespältigen Wahl gefordert; Philipp III. bewarb sich
allein am päbstlichen Hofe und erwartete von ihm alles
was er wünschte, der Deutschen, die ihn zu vergeben,
hatte er kaum gedacht. Da durfte der Pabst erst die

---

1) Theiner, Cod. dipl. I, № 332.
2) Ottokar c. 322, Pez III, S. 295:
      Es wont dem gewissen bei
      Von der wahrheit sag,
      Daz niemant kaiser werden mag
      Wanu der römichs kunig.
damit vgl. Jordanus p. 82.

Wiederbesetzung befehlen, und als man gefolgt war, statt seiner Anerkennung ein 'Te nominamus' schicken.[1])

Der Gedanke, „die Herrschaft der Welt"[2]) den Deutschen zu entreissen, war entstanden und der erste Versuch gemacht; wollte man sie behalten, so war es geboten, sie auch wiederum geltend zu machen: es musste sich zeigen, ob Rudolf dafür der Mann war. Es galt vor allem, dem Drängen der Feinde zu widerstehn, die zuletzt ihre Hand nach jenem höchsten Gut ausgestreckt hatten und nur auf eine frische Gelegenheit warteten, es von neuem zu thun; man musste ihnen jenseit der Vogesen keinen Fortschritt erlauben, sie einschränken auf italischem Boden, denn Italiens Besitz war doch dem Glauben der Zeit nach die Vorbedingung zum Besitz des Kaiserthums. — Ein tiefes Gefühl des Bangens gieng durch die deutsche Nation: den Einsichtigen war das Streben der gallischen Nachbarn nicht fremd geblieben, man wusste nicht, wann zuerst sie wieder hervortreten würden. Mit der Feder˗ stand ein patriotischer Mann für des Vaterlandes Sache auf! Gegen die Franzosen und ihre Prätensionen verfasste Jordanus sein Buch über das römische Reich: ihnen bestreitet er alles Recht auf das kaiserliche Scepter. Wie die Italiener das Sacerdotium, mögen sie ihr Studium haben, doch die Deutschen sollen ihr Imperium bewahren![3]) Mit dem ganzen

---

1) Theiner, Cod. dipl. I, № 322 u. 333. — Dementsprechend heisst denn Rudolf auch nur 'electus in imperatorem'; die vita Greg. lässt ihn erst nach der Lausanner Zusammenkunft wirklichen Imperator werden. Muratori SS. III, 2, S. 426.

2) Jordanus S. 49: Utinam Germani, ad quos mundi regimen est translatum et quibus ecclesie Romane regimen est commissum, saperent et intelligerent ac novissima providerent!

3) Jordanus S. 71.

Aufwand seines historischen und scholastischen Wissens
führt er diesen Beweis[1], und mit eifernder Stimme ermahnt
er seine Landsleute, die Fürsten wie das Volk, die anver-
traute kaiserliche Herrschaft, „die Gott zum Wunder auf
Erden gesetzt hat,"[2] zu schützen, auf dem alten Platz zu
erhalten und nicht verloren gehen zu lassen.[3]

---

1) Jordanus S. 54 ff.

2) Jordanus S. 50: imperiale regnum . . . quod Dominus posuit
in prodigium super terram.

3) Jordanus S. 49 ff.; 52 ff. u. öfter.

II. Rudolf von Habsburg und Philipp III. von Frankreich.

Angiovinische und französische Politik waren bisher eng verbunden; kaum wäre es möglich gewesen, eine Grenze zu ziehen, um die Intriguen Karls von denen Philipps zu scheiden. Dasselbe Interesse, die Besetzung des römischen Reichs zu ihren Gunsten zu wenden, wo möglich den König von Frankreich selbst auf den Thron zu heben, hatte die Häupter des Capetingischen Hauses in Frankreich wie in Italien zusammengeführt. Sobald die Wahl und Anerkennung Rudolfs erfolgt war, hörte auch diese engere Gemeinschaft auf. Getrennt von dem andern verfolgt ein jeder wieder die Vortheile seines Landes: wir werden die Politik Karls nur soweit verfolgen können, wie sie von Einfluss ist auf die Gestaltung der deutsch-französischen Verhältnisse.[1])

Es konnte nach Rudolfs Thronbesteigung nicht lange dauern, dass Berührungen zwischen Deutschland und Frankreich eintraten; auf beiden Seiten wollte man prüfen, welche Stellung der Nachbar in Zukunft einzunehmen gedenke.

1) Ueber die Ausgleichung Rudolfs mit König Karl von Sicilien handelt des Genaueren Busson in Kopp, Gesch. der eidgen. Bände II, 3, 144—194 und auch 243—292.

Ohne Zweifel trat Philipp gleich nach der Wahl
Rudolfs und der Billigung derselben durch den Pabst seinem
glücklicheren Nebenbuhler feindselig gegenüber. Ob er
seinen Zorn offener hat zu Tage treten lassen, ob er
vielleicht provozierend gehandelt — unsere Quellen sind
darüber so ungenügend,[1]) dass nichts Bestimmteres geschlossen werden kann: aber man darf wol annehmen, dass
auch Rudolf seinem Gegner anfangs nicht grade hold
war: beide mögen, wie es kurz nach dem Kampfe geschieht,
einander mit argwönischen Blicken beobachtet haben. So
erklärt sich ein Schreiben des Pabstes,[2]) der Philipp III.
am 11. November 1274 dringend auffordert, weil er glaub-
haft vernommen, dass er Truppen an der Grenze des Reichs
zusammengezogen, diese zu entlassen und nicht gegen die
deutschen Gebiete zu schicken; auch Rudolf habe er
gebeten, allen Grund aus dem Feindschaft entstehen könne,
wegzuräumen. Diese Bitte muss ziemlich viel früher als

---

1) Ausser den unten angeführten Briefen bringt nur das Maj.
Chron. Lemov., Bouquet XXI, p. 779 folgende Notiz: Eodem anno
(1273) Allemanni concorditer elegerunt imperatorem Radulphum
comitem, qui eodem anno quoddam castrum regis Franciae, quod in
feodo imperatoris dicebatur esse, destruxit et magnam stragem hominum ibidem fecit ut dicebatur. Causa accelerationis (altercationis?)
dicebatur quia superbe respondit inimicis suis rex
Franciae. Worauf mag sich dies beziehen? dass im Interregnum
vielfach Reichsgut an den Grenzen und anderswo geraubt ist, sagt
auch Königshofen II, S. 448 (Chron. der d. Städte 8. Bd., Strassburg I). Nachdem er nach Ellenh. Chron., M G. SS. XVII, p. 122
des Reiches Unglück geschildert, wie der Bischof v. Strassburg „das
des riches was in Elsas, in hendes also sien eigen slos," führt er
selbstständig fort: „zu glicher wise hattent auch ander herren in hendes
das in gelegen was."

2) Raynald 1274, § 61. Palacky, Ital. Reise S. 44, № 342.

der Brief an Philipp abgegangen sein, denn Rudolf hatte,
dem Gesuche pünktlich Folge gebend, schon einen Boten
nach Lyon abgeordnet, als der Pabst dies schrieb: derselbe
muss in wenigen Tagen bei der Curie eingetroffen sein.[1]
Er hatte den Auftrag, mit Gregor „über den erlauchten
König von Frankreich" zu unterhandeln. Dies bereitwillige
Eingehen auf Gregors Wünsche beweist, dass es nicht in
des Habsburgers Plänen lag, die unklare Stellung Philipp
gegenüber länger andauern zu lassen. Der Krieg mit
Ottokar stand vor der Thür, bei dem Kampfe mit einem

1) Die Angabe Gregors vom 11. Nov., dass er Rudolf bereits
um Beilegung der Zwistigkeiten gebeten, wird durch den Brief, den
letzterer seinem Boten mitgab, bestätigt. Die Abreise des Boten
erhellt ebenfalls aus dem Briefe. Nachdem R. dem Pabste seinen
Dank gesagt für seine definitive Anerkennung, heisst es: Porro
quoniam nuncios nostros solemnes . . . ad vestre beatitudinis pedes
destinare concepimus, ob vicinam instantiam curiae nostrae
solemnis jam in proximo celebrandae ad iter adhuc
distulimus expedire, ut principum nostrorum qui ibi convenient
communicato consilio, committenda legatio celebrius et festiosius
adornetur. Daher schicke er der solennen Gesandtschaft den Conrad
Probus voraus. Da der hier als nahestehend angekündigte Hoftag
auf den 11.—19. Nov. fällt (Böhmer, Reg. R.'s № 132), muss Conrad
vor dem 11. Nov., da der definitiven Anerkennung in dem Briefe
Erwähnung geschieht, nach dem 26. September den Weg nach
Lyon angetreten haben. Die angekündigte grössere Gesandtschaft
ward am 17. December (Böhmer № 149) beglaubigt, doch verzögerte
sich ihre Abreise noch bis zum Ende des Jahres.

Der Brief, den Conrad Probus mitbekam, gedruckt in Summa
cur. reg., ein Formelbuch aus der Zeit König Rudolfs I. u. Albrechts
I, herausgegeben von Stobbe (Arch. f. Kunde östr. Geschichtsquellen
14. Bd.), S. 340 № 130; u. Bodmann, Cod. ep. p 127. Nur einen
Theil des Briefes hat Baumgartenberger Formelbuch (Font. rer. austr.
25. Bd., ed. Bärwald) S. 266 u. Gerbert, Cod. ep. I. 28. Aus Gerberts
Fassung ersieht man, dass Conrad Probus, der spättero Bischof von
Toul, der Bote war.

solchen Gegner musste wenigstens der Rücken frei sein;
Rudolf wird durch Vermittelung des Pabstes den französischen König genügend beruhigt haben, wenigstens vernehmen wir in Jahresfrist nichts, was auf einen Zwiespalt mit
ihm hindeuten könnte.[1]) — Der erwähnte Bote hatte
ausser über König Philipp auch über eine Zusammenkunft
Rudolfs mit Gregor sich zu besprechen; dass diese im
October 1275 in Lausanne zu Stande kam, ist allbekannt;
da ist es wahrscheinlich, dass auch in ähnlicher Weise
von Gregor für eine definitive Regelung des Verhältnisses
zwischen Rudolf und Philipp gesorgt ist, denn die Einigung
dieser beiden mächtigen Monarchen lag dem Pabste vor
allem am Herzen, damit sie, mit dem Kreuze geschmückt.[2])
gemeinsam gegen die Saracenen zögen.

Es ist hingewiesen, dass Bischof Stephan von Paris
auf dem Lausanner Tag zugegen war,[3]) dass er möglichenfalls ein Rendezvous seines Königs mit dem Deutschen vor-
bereitet hat.[4]) Jedenfalls scheint Rudolf noch auf der

---

1) Gerbert II, 15; Baumg. Formelb. S. 110 u. Böhmer. Regesten
Gregors X. 214 haben in einem Briefe Gregors an Rudolf fälschlich
(vom 1. Dec. 1274) die Lesart: regem Franciae. Das richtige 'C.
Siciliae regem' lesen nach dem Vaticanischen Archiv Theiner I,
№ 334; Palacky, Ital. Reise S. 44 № 343; Raynal 1274, § 56.

2) Die Nachricht einzelner Chronisten (citiert bei Kopp II, 3,
201 Anm. 2), dass sie sogar zusammen das Kreuz genommen, bedarf
nicht der Widerlegung.

3) Kopp I, S. 127 Anm. 1.

4) Ich selbst vermag mich dieser Vermuthung Bärwalds (Baumg.
Formelb. S. 227) nicht anzuschliessen, hauptsächlich bewogen
durch folgende Nachricht des Maj. Chron. Lem., Bouquet XXI, p.
779: MCCLXXIII episcopus Parisiensis exiit de dioecesi Parisiensi
tanquam exulatus a rege praedicto propter violentiam quam sibi
faciebat. Stephan war dann von Anfang an auf dem Concil anwesend.

Rückreise von Lausanne irgendwo an der burgundisch-
französischen Grenze mit Philipp zusammengetroffen zu
sein. Ist das Factum nur durch eine einzige Nachricht
und zwar durch eine ihrer Ueberlieferung nach sehr an-
zweifelbare bekannt,[1]) so spricht doch die ganze Sachlage
zu augenscheinlich dafür, als dass man es der Quelle zu-
lieb verwerfen dürfte. Auch das Itinerar gestattet für
Rudolf eine Zusammenkunft zwischen dem 31. October,
wo er in Bern urkundet, und dem 18. November, wo er
in Basel einzieht. Philipps Aufenthalt aber ist vom Ende
October bis zum 20. November nicht nachzuweisen. Nach
dem was Rudolf in dem Brief, der uns allein von dieser
Zusammenkunft meldet, über sie dem Pabste schreibt,
haben hier die Monarchen ein Schutz- und Trutzbündnis
abgeschlossen, durch Handschlag und Eid alles Vereinbarte
treulich zu halten gelobt. So vor einander sicher konnte
jeder seinen Plänen nachhängen, der eine gen Böhmen
ziehen und sich eine Hausmacht gründen, der andere seinen
Feldzug gegen Aragon bereiten.

Doch Rudolf mochte glauben, es genüge nicht sich
den Rücken frei gemacht und für längere Zeit den Frieden
gesichert zu haben: auch positiven Gewinn wollte er aus
dieser Zusammenkunft und der auf ihr begründeten Freundschaft ziehen. Schon am 2. Februar 1276 schreibt er
von Nürnberg dem König von Frankreich und empfiehlt
seiner Hut die Cistercienser Abtei Orval in der Trierer

---

1) Die einzige Nachricht stammt aus einem Briefe des Baumgartenb.
Formelbuchs S. 225. Ueber diesen wie über die ganze Zusammenkunft siehe Beilage B.

Diöcese.[1]) Da sie fern vom Herzen des Reichs liege und
er selbst sie also gegen Feindseligkeiten nicht bewahren
könne, bitte er ihn gemäss der Uebereinstimmung, die in
allen ihren Bestrebungen bestehen solle — wol eine An-
spielung auf das eben erst geschlossene Freundschafts-
bündnis — sie gegen jede Unbill vertheidigen zu wollen.
Da half es nichts, dass er die Rechte und Freiheiten des
Klosters am gleichen Tage bestätigte[2]) und dem mit seiner
Ungnade drohte, der es daran kürzen würde, wenn er sich
nicht scheute, im selben Athemzuge die Fremden mit aus-
drücklichen Worten in die deutschen Gaue zu rufen. —
Zur Erklärung, wenn auch mit nichten zur Entschuldigung,
kann allein dienen, dass sein ganzes Sinnen damals so sehr
auf den Krieg gegen Ottokar gerichtet stand, dass er weder
Zeit noch Kraft übrig zu haben glaubte, vorher seine
Pflichten im Westen des Reichs zu erfüllen.[3])

---

1) Martene et Durand, Thes. nov. anecd. I, p. 1154, (Miraeus, op.
dipl. II, p. 1241). Daneben Gerbert II. 34; Sum. c. reg. p. 360
$\mathcal{M}$ 249. — Gerbert II, 35 u. Sum. c. reg. $\mathcal{M}$ 247 haben noch
eine wiederholte Aufforderung.

2) In Nürnberg am 2. Februar 1276. Siehe Bertholet, Hist. de
Luxembourg V, S. 227 (in franz. Uebersetzung) und Preuves
p. 67 im lateinischen Original. Böhmer in seinem Regest $\mathcal{M}$ 236
lässt merkwürdiger Weise diese Urkunde vom 10. Febr. datiert
sein. — Auch gedruckt bei Gerbert II, 36; Sum. c. reg. 246;
Bodmann S. 265.

3) Eine Vertheidigung liefert Kopp I, S. 871 Anm. 6; er findet
hierin eine Erprobung der Rudolfschen Ansicht über die gegenseitige
Aufgabe christlicher Nachbarreiche! Mag sich damit befreunden, wer
es kann.

Die nächstfolgende Zeit bringt uns keinerlei direkte politische Berührung beider Nationen, dennoch ist sie für das spätere Verhältnis derselben zu einander im höchsten Grade wichtig. Die drei Mächte, die nächst Frankreich und Deutschland für die Lage der Dinge im damaligen Europa von hervorragenderer Bedeutung waren, das angiovinische Italien, England und das Pabstthum haben, während Philipp im fernen Spanien gegen Aragon im Felde stand, ihre eigne Sache dem wiedererstandenen römischen Königthum gegenüber neu geordnet: sie haben dadurch auch zur Klarstellung der Position, die Rudolf fürderhin zu Frankreich einnahm, wesentlich beigetragen.

Vor allem war sich Rudolf — schon der Erbschaft halber, die er in Italien von Reichs wegen überkommen hatte — der Feindschaft des Anjou sehr wol bewusst; er zögerte daher nicht, sich dessen Gegnern anzuschliessen. Der Streit zwischen Margareta, der Mutter Philipps III. und ältesten Tochter des letzten Grafen von Provence und Forcalquier, Raimund Berengar, und ihrer jüngsten Schwester Beatrix, Königin von Sicilien, über die Erbfolge in den Landen ihres Vaters dauerte bereits geraume Zeit. Karl von Anjou hatte schon seit Jahren beide Grafschaften faktisch im Besitz:[1] da wandte sich Margareta, wie es scheint bald nach Rudolfs Wahl, an diesen und erbat vom

---

1) Busson in Kopp, Gesch. der eidgen. Bünde II, 3, 36 Anm. 3 macht auf einen Schutz- u. Gunstbrief aufmerksam, den Karl schon am 4. August 1257 einem Piacentiner ausstellt. — Bei der späteren Belohnung Karls mit den zwei Grafschaften wird in dem Entwurf, den K. selbst durch den Pabst Rudolf zuschickt, das Verhältnis so ausgedrückt: Cum rex Siciliae nos requisiverit, ut in possessione dictorum comitatuum, quos tenot et possidet ac longo tempore pacifico tenuit et possedit, turbari non permittamus cum etc.

Reich die Belehnung. Wir wissen nicht, was näheres zwischen beiden pactiert ist, doch gieng Rudolf gewiss nicht ungern auf den Wunsch der Königin ein. Vermuthlich derselbe Otto, Probst von St. Guido in Speier, der als königlicher Procurator zum Concil nach Lyon geschickt wurde, ward auch bei Margareta beglaubigt, um in des Königs Namen von ihr Huld- und Treueid entgegenzunehmen.[1]) Gregor X. machte dann die ersten Versuche Karl von Anjou und den Habsburger zu vergleichen; es gelang ihm in der That ein leidliches Einvernehmen zwischen beiden herzustellen: vorläufig wurde eine Heirat zwischen Rudolfs Tochter Gutta und Karls gleichnamigem Sohne verabredet.[2]) Eine vollständige Ausgleichung hinderte der

1) Wir sind hierüber nur durch einen Brief Rudolfs an Margareta unterrichtet (Gerbert I, 39), in dem er die Belehnung zusteht und bei ihr seinen Gesandten beglaubigt. Diesen nennt er 'Praepositus': auf dies Wort stützt sich die Vermuthung, die schon Gerbert Anm. 4 hat, dass Probst Otto dieser Bote gewesen. Er ist der einzige dieses Titels, der in der ersten Zeit Rudolfs als sein Geschäftsträger erscheint. Otto wird am 9. April 1274 bei der Curie beglaubigt (Böhmer .W 79) und starb im Herbst, bevor er von Lyon heimkehrte. — Das Gesuch der Margareta, das, wie wir aus Rudolfs Schreiben sehen, durch einen eigenen Abgesandten vorgebracht war, würde also etwa ins Frühjahr 1274 fallen. Ob die Belehnung wirklich erfolgt ist? Margareta behauptet es, Rymer, Foedera I, p. 536, und Champollion-Figeac, Lettres de rois, reines I, p. 252 u. p. 265: et coment li rois d'Alemaigne avoit receu nostre homage de ladite terre et des apertenences; et coment il avoit, maudé à tus ceux de Provence que il nos obeissent come à dame et à droit her etc. Rudolf dagegen scheint es in Abrede zu stellen, wenigstens verlangt man bei der Belehnung Karls eine solche Erklärung von ihm, und er wird sie gegeben haben. Vgl. die Urkunden bei Kopp II, 3, 327 ff. und die Darstellung S. 182 u. Anm. 1 u. 2.

2) Gregorovius, Gesch. der Stadt Rom im Mittelalter V, 463; Reumont, Gesch. der Stadt Rom II, 591 lassen fälschlich

frühe Tod Gregors und auch die folgenden Päbste —
Innocenz V., Hadrian V., Johann XXI. — liess ihre kurze
Regierungszeit nicht dazu kommen, sich mit Karls Stellung
dem Reich und der Kirche gegenüber länger zu beschäftigen: dieser selbst aber hatte für's erste kein höheres Ziel,
als Rudolf möglichst lange von Italien fernzuhalten.

Gründe, die den angiovinischen nicht ganz unähnlich
waren, machten auch das Haus Plantagenet zum Feind
des Habsburgers. Wie von dort war auch von hier versucht, Deutschland durch einen König aus eigenem Geschlecht
von sich abhängig zu machen. Nur grollend hatte man
das totale Fehlschlagen der kostspieligen Richardschen
Pläne gesehen: man brachte es über sich, dem langjährigen
Gegner Alfons von Castilien seine Unterstützung zuzusagen.[1])
Es kam hinzu, dass seine Macht, schwach wie sie war,
immerhin für wünschenswerther auf dem deutschen Throne
galt, als das Wiedererstarken einer nationalen Centralgewalt. Doch da aller Hass hier in der Vergangenheit
seine Wurzeln hatte, konnte man leichter seine Gesinnungen
ändern, wenn nur durch die Gegenwart reichlicher Ersatz
geboten wurde. So ist es erklärlich, dass während noch
im Mai 1275 Alfons Hilfe versprochen und zu seinen
Gunsten an Gregor ein Gesuch um Unterstützung gerichtet

Clementia die Verlobte sein. Lorenz, Deutsche Gesch. II, 64
Anm. 1 wirft erst die Frage auf, ob überhaupt eine Verlobung mit
einer Tochter Rudolfs vorgenommen sei. Das Factum, dass 'vero
sponsalia' mit der Gutta eingegangen sind, erhellt aus der Dispensations-
bulle des Pabstes Nikolaus bei Gerbert, Cod. ep. p. 213. Uebrigens
bietet die Urkunde Schwierigkeiten, die wol durch eine neue Publica-
tion gehoben werden würden.

1) Brief des Königs von England an Alfons vom 5. Mai 1275.
Rymer, Foedera I, p. 523.

ward,[1]) anderthalb Jahre später, im November 1276, die
Anknüpfung zwischen den beiden Höfen ·in Wien und
London, zuerst durch die römische Königin Anna veranlasst,[2]) bereits vollendete Thatsache ist: Bischof Heinrich
von Basel, der als Vermittler genannt wird,[3]) macht im
Auftrage Rudolfs den Vorschlag,[4]) durch ein Ehebündnis
eine festere und engere Freundschaft zwischen beiden
Häusern zu begründen. In England willigte man gern in
einen Plan, der genug realen Nutzen zu gewähren schien:
was Richard von Kornwall nicht geglückt, dachte man
jetzt indirekt zum Theil wenigstens zu erreichen. König
Eduard I. verlangt, um auf des Habsburgers Anerbieten
eingehen zu können, dass Hartmann, der in Aussicht genommene Bräutigam der Prinzessin Johanna, sobald Rudolf
zum Kaiser gekrönt sei, König von Deutschland werde.[5])
Da aber die Erfüllung dieser Forderung, obwol von Rudolf
zugegeben, doch noch zu sehr vom Willen der Kurfürsten
abhieng und offenbar nicht die nöthige Sicherheit dafür

---

1) Rymer, Foedera I, 522.

2) Die englischen Boten bekommen den Auftrag, quod . . .
regratientur reginae Alemaniae de hoc, quod feliciter inchoavit
istud negotium. Rymer, a. a. O p. 536. — Vgl. für das folgende
Pauli, Die ältesten Beziehungen des Hauses Habsburg zu England,
Monatschrift für Wissenschaft u. Literatur 1854, S. 561 ff.

3) Am 12. November 1276 spricht König Eduard ihm seinen
Dank aus. Rymer, a. a. O. p. 536.

4) Item sicut rex Alemaniae curialiter et benigne incepit istud
negotium et rex Angliae multum affectat idem negotium feliciter
consummari, provideat idem rex Alemaniae et ordinet de isto negotio
juxta suae beneplacitum voluntatis. Rymer, a. a. O. p. 536.

5) Rymer I, 536.

erlangt werden konnte,[1]) holte man, ohne dies Verlangen
aufzugeben, noch eine weitere Zusage ein, die leichter zu
realisieren schien: jenes alte Project, das Heinrich VI.
und Richard Löwenherz erdacht,[2]) Arelat in englische Hände
zu bringen, lebte damals wieder auf: Hartmann als Gemal
der Johanna sollte, so ward verabredet, das Königthum
als Lehn vom Reich empfangen. Rudolfs Wunsch, das fast
entfremdete Land seinem Hause zu gewinnen, traf hier
zusammen mit dem englischen Begehren an der Rhone festen
Fuss zu fassen: auf allen Seiten hielt man Frankreich
dann umspannt: waren die Gewalten stark und kräftig,
die es umgaben, Frankreich hätte ersticken müssen in
solcher Umarmung.

Ob man sich jenseit des Canals diesen hochfliegenden
Träumen hingegeben hat? — Die Zeiten, soviel nüchterner
als in den Tagen des grossen Staufers, waren nicht darnach
angethan; vor allem der neue Bündner, mit dem sie allein
ins Leben gerufen werden konnten, Rudolf, hatte ganz
gewiss nicht soweit ausschende Pläne. Ihm war es das
Höchste durch Verschwägerung mit dem alten Haus
Plantagenet zu ersetzen, was seinem Geschlecht, dem jüng-

---

1) Die Verhandlungen haben sich durch das ganze Jahr 1277
hingezogen, am 25. April 1278 endlich verspricht R. bona fide für
das Königthum seines Sohnes wirken zu wollen, zugleich gelobt er,
alle seine Kraft zu gebrauchen, quod . . . regnum Arelat·nse, Romani
imperii principum applaudente consensu benivolo, valeat adipisci.
Es ist zu bemerken, dass das Arelat nicht von Anfang an für Hartmann gefordert war, sondern offenbar erst da, als man sah, dass die
Erlangung des deutschen Thrones doch höchst zweifelhaft sei. Rymer
I, p. 554.

2) Scheffer-Boichorst, Deutschland und Philipp II. August von
Frankreich, Forschungen zur deutschen Gesch. VIII, 495.

sten unter den Herrscherfamilien des Abendlandes, von
Natur an Macht und Ansehn mangelte und was doch auf
der hohen Stelle, zu der es durch Fürstengunst emporge-
stiegen, nothwendig war.

Daneben freilich benutzte er die Gelegenheit gern,
mit fremder Hilfe seinen Hausbesitz zu vergrössern.

Das letzte wäre, glücklich ausgeführt, von grosser
Bedeutung für Deutschland gewesen. Mochte Rudolf
immerhin nur seines Vortheils denken, wenn es ihm gelang,
wie den Osten des Reichs, so auch den Westen vor Zer-
stückelung zu bewahren. Reichlich wäre die Scharte, die
er sich selbst durch die Empfehlung von Orval geschlagen,
wieder ausgewetzt worden: schon die Begründung eines
straffen Regiments in diesen Grenzmarken war eine Niederlage für Frankreich.

Das waren Pläne, die das höchste Interesse erwecken
müssen: gerne verfolgt man den Gang ihrer Entwicklung,
mit Spannung sucht man auf, was ihre Durchführung
hinderte.

Vor allem that Energie und Umsicht Noth und dabei
der feste Vorsatz unbeirrt durch fremde Lockungen vorzuschreiten: von den zwei ersten ist bei Rudolf wenig, von
dem letzten nichts zu spüren. Kaum ist der Pact mit
dem englischen Hofe geschlossen, so entsteht schon ein
unheilvolles Schwanken.

Man hat sich dem Habsburger zu aufrichtigem Danke
verpflichtet gefühlt, weil er Deutschland nicht in die italie-
nischen Wirren verstrickt hat:[1]) es darf nur ein Dank sein
— will man anders noch dies Wort gebrauchen — dass

---

1) Gregorovius, Gesch. der Stadt Rom im Mittelalter V, 471.

er sich stets zu schwach gefühlt hat, persönlich mit Krieges-
macht in die Gefilde der apenninischen Halbinsel hinabzu-
steigen, denn ausgeschaut hat er nach der verwittweten
Roma und dem Kaiserthum, das nur in ihren Mauern zu
erlangen war, mit der ganzen Sehnsucht seines Herzens:
seine Politik dem Ausland gegenüber ist durch dieses
Streben im höchsten Masse beeinflusst.

In dem ersten Drittel der Waltung Rudolfs war sein
einziges, allerdings durch die Umstände gebotenes, aber
alle Kraft absorbierendes Bemühen auf die Gründung
einer Hausmacht gerichtet gewesen: das Schicksal wollte
es, dass jetzt, wo durch den siegreichen Ausgang der Schlacht
auf dem Marchfelde seine Wünsche am Ziele waren, wo
nichts ihn hinderte seinen Sohn zum Abschluss der für die
bevorstehenden Septembertage[1]) anberaumten ehelichen
Verbindung nach London zu senden, ihm die Kaiserkrone
in nahe Aussicht gestellt wurde. Dies geschah unter Bedingungen, die die englischen Pläne direkt negierten: er
hat es damals vorgezogen, alles für den Versuch zu opfern,
seiner Familie das zweite was Noth that, das neben dem
Hausbesitz erst die Macht des habsburgischen Geschlechts
in aller Zukunft sichern konnte, die Nachfolge im Reich
zu erwerben, denn die Erlangung dieser Würde war durch
die Krönung in Rom wesentlich ermöglicht, wenn nicht
geradezu bedingt.

---

1) Die habsburgischen Gesandten haben beschworen u. R. u.
seine Gattin bestätigt, dass die Hochzeit geschehen solle 'circa
proximum instans festum nativitatis beatae Mariae (8. Sept.) vel
circiter sive alio magis opportuno . . . tempore'. Rymer I, 543
u. 556.

Der Triumph, diese Wendung der Rudolfinischen
Politik grade zur passenden Stunde verursacht zu haben,
gehört Karl I. von Sicilien und dem am 25. November
1277 auf den h. Stuhl erhobenen Johann Gaetani Orsini.
Pabst Nicolaus III. — denn so nannte er sich nach
dem h. Nikolaus in carcere Tulliano, dessen Diakonie er
als Cardinal geführt[1]) — war eine starke, praktische
Natur, allem Idealen Feind, stets auf das Nächste gerichtet:
ein durchgreifender Politiker mit weitreichenden Ideen
und unübertroffener diplomatischer Geschäftskenntnis. Diese
Eigenschaften befähigten ihn ganz die allmählich dringend
nothwendig gewordene[2]) Neuordnung des Verhältnisses der
Kirche zu Karl I. und Rudolf, die Gregor begonnen, zu
einem für die erstere glücklichen Ende zu führen. Mit
hastiger — als wenn er gewusst, dass es ihm nicht
beschieden sei, lange die Christenheit zu leiten — aber
sicherer Hand, wie nur der Meister es kann, knüpft der
gewaltige Mann die Fäden, mit denen er in kurzem Rudolf
und Karl nach seinem Willen lenkt. Während er den
einen mit den Zugeständnissen des andern lokt, wird es
ihm leicht von beiden das Gewünschte zu erlangen, und
ohne Zaudern nimmt er, was jene abgetreten, für die
Kirche und seine Nepoten in Besitz.

---

1) Ueber sein früheres Leben vgl. Busson in Kopp, Gesch. der
eidgen. Bünde II, 3, 161 f.

2) In Rom schwebte man in steter Furcht, R. möchte sich auf-
raffen u. mit Heeresmacht nach Italien ziehen, bevor seine Sache der
Kirche und besonders Karl von Anjou gegenüber geordnet war; so
schreiben vor Nikolaus' Wahl sede vacante die Cardinäle und bitten
ihn, nicht eher zu kommen, als er Boten geschickt u. diese alles
arrangiert haben. Theiner I, № 356.

Schon vor seiner Consecration (26. Dec. 1274) wurden
die Unterhandlungen mit Rudolf aufgenommen;[1]) nach
einem halben Jahre war die Bestätigung der Lausanner
Verträge,[2]) einen Monat später auch die definitive Abtretung der Romagna an den h. Stuhl erreicht: Probst Got-
fried von Maria-Saal entkräftet am 30. Juni im Namen
des deutschen Königs die Huldigungseide, die der habsburgische Hofkanzler Rudolf dort erhoben hatte.[3]) Zugleich
wird auch Karl von Anjou auf allen Punkten zum Weichen
gebracht.[4]) Nikolaus zwingt ihn seinen Lehnseid zu
erneuern, der den Verzicht auf Toskana und Lombardei
involvierte, die solange zurückgehaltene Senatur von Rom
niederzulegen, von der Reichsverweserschaft in Toskana
zurückzutreten. Und während er Rudolf für seine Zugeständnisse als Aequivalent das Kaiserthum vorhält,[5]) sinnt
er, wie er Karl I auf Kosten des Reichs entschädigen
möchte. Die Gelegenheit fand er, sobald ihm von Rudolf
die Vollmacht übertragen ward, ihn mit dem König von
Sicilien auszugleichen.[6]) Er verlangt[7]) für den letzteren
die Belehnung mit Provence und Forcalquier und die

1) Theiner I, N 382 vom 12. Dec. 1277.
2) Theiner I, N 358; 386; 387 (4. Mai 1278).
3) Theiner I, N 368; vgl. Kopp II, 3, 22 u. 23 Anm. 1.
4) Kopp II, 3, 163 ff.
5) Raynald 1278, § 45.
6) Am 5. Sept. 1278; der Brief R.'s gedruckt bei Kopp III, 1,
293. Es heisst: Ecce quod super familiaritate, confederatione et
indissolubilis amicicie unione inter nos et inclitum K. . . . nomine
nostro tractanda, facienda, firmanda seu solidanda per matrimonia et
quascunque obligationes et modos alios, vestra sanctitas viderit expedire, vestre beatitudini nos duximus committendum.
7) Urkunde gedruckt bei Kopp II, 3, 327.

Verlobung der Tochter Rudolfs Clementia mit des Anjou
Enkel Karl Martell; für sich will er das unbedingte Aus-
legungs- und Erklärungsrecht dieser Verträge[1]) und die
Erlaubnis dem jungen Paar die Mitgift zu bestimmen:[2])
hierfür war Arelat in Aussicht genommen.[3])

Bis jetzt waren die englischen Unterhandlungen noch
neben den päbstlichen geführt worden; diese letzten Forderungen aber zwangen zur Klarheit. In London wie in
Neapel verlangte man als Heiratsgut das Arelat: dort
hatte man sich zuerst verpflichtet, hier wurde ein Preis
geboten, der grösser, glänzender, der für das Haus Habsburg gewinnbringender erschien.

Wie kam der Pabst dazu, grade diese Bedingungen
für den Ausgleich zu stellen? grade hiermit den Anjou
schadlos halten zu wollen? Man würde sehr irren, wenn
man Nikolaus für den Vater dieser Ideen hielte; er selbst
gesteht zu, dass Karl I. ihm die Vorschläge eingereicht,
dass er nur einiges zu Rudolfs Beruhigung daraus wegge-
schnitten, anderes gemildert und wieder anderes zu seinen
Gunsten hinzugesetzt habe:[4]) — Und Karl, hat er mit
bewusster Absicht, um den englischen Plänen entgegenzu-
wirken, jene Forderungen gestellt? darf man überhaupt an
nehmen, dass er um sie gewusst hat? Es kann keinem Zweifel

---

1) Kopp II, 3, 330 u. 331 (plena interpretatio et declaratio).

2) Kopp II, 3, 331: Item de dote sit in beneplacito summi
pontificis.

3) Ptol. Lucens. hist. eccl. lib. XXIII, c. 34, Murat. XI, 1183
u. brev. ann., Mur. XI, 1292. — Ich habe mich im grossen Ganzen
so ziemlich den äusserst gründlichen Untersuchungen bei Kopp II, 3,
171—190 anschliessen können: doch dürfte meine Auffassung von
der dort entwickelten abweichen.

4) Kopp II, 3, 171.

unterliegen, dass die Kunde davon längst zu ihm gedrungen war: war man doch auch am Hofe in Paris sehr genau über alles instruiert, was zwischen Wien und London vorgieng.[1]) Und wie man hier die Alliance zwischen Habsburg und Plantagenet zu hindern, oder wenigstens zu paralysieren suchte — man bot König Eduard für einen seiner Söhne die Hand einer französischen Prinzessin an[2]) — so ist auch der König von Sicilien nicht müssig gewesen: grade ihn würde die Aufrichtung einer selbständigen englisch-deutschen Herrschaft in Burgund am härtesten getroffen haben: er wäre vom Mutterlande abgeschnitten seiner besten Hilfsmittel beraubt worden. So hat er den Moment ergriffen und für die Verweserschaft Toskanas und die römische Senatur das Land an der Rhone einzutauschen begehrt: es ist klar, welche Gedanken

---

1) Das erhellt aus einem Briefe der Königin-Wittwe Margareta (1278) an Eduard I. von England, in dem des engl.-habsburgischen Heiratsprojektes gedacht wird. Der König von England wird um Aufschiebung der Ehe gebeten, bis R. mit Savoien Frieden gemacht. Sollte das der einzige Grund gewesen sein, weshalb man jene verhasste Verbindung hinauszuschieben suchte? Docum. inéd., Lettres de rois, reines par Champollion-Figeac, I, p. 209.

2) Ebenfalls durch Vermittlung der Margareta und noch im Jahre 1278. Lettres de rois, reines I, p. 217. — Auf der andern Seite wusste man schon sehr bald in England, was zwischen Rudolf und Karl I. verhandelt wurde, nämlich: nous avons entendu que uus mariages est en fesant par entre le fis le rei de Cézille et la fille le rei d'Alemagne; so schreibt die Königin-Wittwe Eleonore an ihren Sohn Eduard I. und will, dass er für ihre Rechte in der Provence eintrete: laquel chose serait grant dammage à nos, et cel damage seroit nostre et vostre. Et por ce vos prioms et requeroms que vos voillés especiaument escrivre à l'avant dit roi, que, puisque Provence est tenue de l'empire, et sa dignité vent que il nous en face faire droiture. Lettres de rois, reines I, p. 245.

ihn leiteten. Das letztere, einmal einem besondern König
übergeben, schien unwiderruflich verloren; jenes erstere
konnte bei dem häufigen Wechsel der Päbste und der
dann ebenso häufigen Aenderung des Systems leicht wieder-
gewonnen werden.

Freilich that Eile Noth, wollte man dem Engländer
noch zuvorkommen. Karl, dem sonst so wenig an der
Freundschaft mit Rudolf gelegen war, der Provence und
Forcalquier längst faktisch besessen hatte, vereinigt jetzt
bereitwillig seine Gesandtschaft mit der päbstlichen,[1]) die
von ihrem Meister bis ins kleinste instruiert war.[2]) Nie
hat sich die Fähigkeit der Curie in der Beschleunigung
und raschen Abwickelung diplomatischer Geschäfte glänzender gezeigt als in diesen Tagen: doppelt und dreifach
werden die Urkunden ausgestellt, in fertiger Fassung
Rudolf zur Prüfung und Annahme unterbreitet; geschickt
wird auf die Kaiserkrone verwiesen, die wiederum erst
nach Gewährung dieser Forderungen erlangt werden kann.[3])
Da allerdings willigt Rudolf ein: Ende März 1280 ist
alles ratificiert, die Belehnung mit den zwei Provinzen zur
Thatsache geworden.[4]) Da zog auch, von deutschen Edlen
geleitet, Clementia, des jüngsten Anjou vertragsmässige
Braut, über die Alpen: sie traf in Orvieto, wo von Karl

---

1) Kopp II, 3, 171 Anm. 4 u. 172.

2) Kopp II, 3, 178 ff. Vgl. auch das Instructionsschreiben des
Pabstes an seinen Gesandten, den Bischof v. Tripolis, bei Kopp, a. a.
O. S. 332 ff.

3) . . . . . exponas eidem, quod nos considerantes suae promo-
tionis auspitia, quae a Deo fuisse conjicitur etc, so instruiert Nikolaus
seinen Gesandten; doch soll dies u. anderes mit passenden Worten zur
passenden Stunde mit der nöthigen Klugheit vorgebracht werden.

4) Raynald 1280, § 2. Vgl. Kopp II, 3, 182 Anm. 1 u. 2.

abgeordnet französische und sicilische Barone ihrer harrten,
am 24. März 1281 ein, nachdem dort am Tage vorher
Nikolaus' Nachfolger, Martin IV., geweiht war.[1]) Es
zeigte sich jetzt, dass Karl mit Recht auf den neuen Pabst
hatte rechnen können: freilich war er bei seiner Wahl in
Viterbo zugegen[2]) und soll nicht gleichgültig zugeschaut
haben, wen man mit der Tiara schmückte. Seit Clemen-
tias Ankunft waren keine zwei Monate verstrichen, da
restituierte Martin seinem Landsmann und Freunde, dem
König von Sicilien, die von Nikolaus genommene Senatoren-
würde.[3]) Von dem Kaiserthum, um dessenwillen Rudolf
alles hingegeben, war nicht mehr die Rede, denn der
jetzige Pabst hasste die Deutschen so, dass er oft wünschte,
„er wäre ein Storch und jene Frösche, damit er sie aus
dem Sumpf holen und verschlingen könne."[4]) Zwar liess
Rudolf es nun seinerseits auch nicht mehr zur Belehnung
mit Arelat kommen,[5]) doch Provence und Forcalquier

---

1) Kopp II, 3, 185.

2) Villani lib. VII, 58. Ueber die Pabstwahl vgl. Kopp II. 3,
197 f.

3) Theiner I, p. 248. Ann. Suev. ad a. 1281, M. G. SS. XVII,
p. 281: Martinus papa quartus Nicolao substituitur, et indignationem
quam idem Nicolaus contra Carolum exercuit, ipse in favoris gratiam
convertit; vgl. Kopp II, 3, 205 ff

4) Contin. Vindob. ad a. 1281, M. G. SS. IX, p. 712: qui papa
in tantum odio habebat Theutonicos, quod ipse frequenter optabat
effici ciconia sub hac forma, quod Theutonici in paludibus essent
rane, ut saltem sic eos posset devorare; aut in lacu esset lucius et
ipsi pisces, quod sic eos posset deglutire. Vgl. Nicol. de Bibera,
carm. Sat., Geschichtsquellen der Provinz Sachsen I, 72 u. 172; auch
Kopp II, 3, 202 f.

5) Busson bei Kopp II, 3, 190 Anm. 2 weist sehr richtig darauf
hin, dass der Willebrief des Herzogs Johann v. Sachsen vom 15. Sept.

war rechtmässig in Karls Hände, Clementia Martells Gattin.

Das war ein Resultat, wie man es selbst am habsburgischen Hofe nur widerwillig hingenommen zu haben scheint: Königin Anna vor allen, die zuerst die Idee sich England zu befreunden gefasst, empfand das Fehlschlagen ihrer Absichten kurz vor deren Erfüllung sehr schwer. Nur mit Widerstreben soll sie ihre Tochter haben fahren lassen, ja nach dem Bericht des Chronisten[1]) ist sie vor Gram über die Trennung gestorben: schenken wir dieser Erzählung keinen unbedingten Glauben, doch mag sie zur Charakteristik für die Stellung dienen, welche die Königin in den Augen der Zeitgenossen zur Politik ihres Gatten einnahm.

1281 (Ficker, Ueberreste des d. Reichsarchivs zu Pisa, Wienersitzungsberichte 14. Bd., S. 170 ff.) gegeben ist, damit die Belehnung des Anjou mit Arelat geschehen könne, nicht nachdem sie schon stattgefunden hat. — Es braucht wol kaum noch hervorgehoben zu werden, dass nicht der Tod Hartmanns, wie oft angenommen, die Realisierung der engl. Pläne u. die Neubegründung des arelatischen Reichs verhindert hat. Schon die chronologische Aufeinanderfolge des oben im Text Erzählten thut das zur Genüge dar. Als Hartmann starb (20. Dec. 1281), war schon das Projekt, den Anjou mit Arles zu belehnen, wieder veraltet. Freilich entschuldigte sich R. später dem engl. Hofe gegenüber gerne mit Hartmanns Tode

1) Contin. Vindob. ad a. 1281, M. G. SS. IX, p. 712: Filia regis Rudolphi ducitur versus Apuliam, que nepoti regis et senatoris Karoli copulatur. Anna vero mater eius, dum ipsam transmissam nimium lugeret, moritur pre dolore 14. Kalendas Maii. Ueber das Datum vgl. Necrol. Wetting. ap. Herrgott, Geneal. dipl. Habsb. II, 2, 843. — In diesem Punkte, dass nämlich die Politik Rudolfs in Deutschland, besonders am habsb. Hofe, höchst unpopulär war, stimme ich mit Lorenz, Deutsche Gesch. II, 297, überein. Ich bemerke das, weil meine ganze sonstige Entwicklung durchaus abweicht von der Lorenz'schen (z. B. II, 307, 316); doch dürfte sich das aus der grösseren Vollständigkeit des Materials erklären.

Wie stand sich aber Deutschland bei dieser Rudolfinischen Politik, speciell Deutschland in seinem Verhältnis
zu Frankreich? Es konnte die Folgen derselben nur
schwer verwinden. Die Gelegenheit eine fester organi-
sierte Macht im Westen des Reichs zu schaffen, dem
gallischen Einfluss einen Damm entgegenzusetzen, war un-
benutzt vorbeigelassen, auch der einzige Bündner, der
Frankreich gegenüber von Nutzen sein konnte, England
zurückgestossen. Karl andrerseits war durch die Zugeständnisse Rudolfs mit nichten von seinem Vaterlande getrennt: er hatte sich bei der Belehnung das Recht gewahrt,
im Falle eines Krieges dem Könige von Frankreich Hilfe
bringen zu dürfen.[1] Bei einem Vertrag, der solches gewährte,
hatte in der That Karl von Anjou und Frankreich alles,
Rudolf und Deutschland nichts gewonnen.

Theuer genug hatte Rudolf sich die Gunst der Franzosen erkauft, das konnte ihm nicht verborgen bleiben:
aber er mochte sich damit trösten, dass er es eines höheren
Zweckes willen, des Kaiserthums und der päbstlichen
Gunst halber gethan. Was soll man aber sagen, wenn es
ihm jetzt nicht genügt, ihnen gegeben zu haben, was unum-
gänglich, was als Kaufpreis Noth that? Mag er immerhin

---

1) Raynald 1280, § 3: Possimus etiam juvare regem Franciae,
ut tenemur. Vorher geht die Bestimmung: nec de hominibus imperii
possimus nos alicui servire contra regem Romanorum vel imperatorem,
nec de homiuibus regis Franciae servire tenaamur alicui contra ipsum
(i. e. contra regem Francie). Im Uebrigen war so er wie R verpflichtet stets der Kirche gegen den andern, der ihr grade feind war,
beizustehen; nie gegen einander sei es direkt, noch durch Begünstigung eines dritten zu kämpfen, alles der Entscheidung des Pabstes
zu unterbreiten.

Karl I. brieflich[1]) seine Freude aussprechen, dass er in ein so intimes Verhältnis zum erlauchten Capetingischen Haus getreten ist, uns kümmert diese Höflichkeit wenig; aber nachdem Pabst Martin, „der Deutschen Feind,"[2]) schon längst auf dem h. Stuhl sitzt, als Rudolf auch kein Krieg in Böhmen mehr fern hält, empfiehlt er noch mit ähnlichen Worten wie früher Orval jetzt (16. November 1281) seinen Fürsten den Bischof von Toul und dessen Kirche dem König Philipp III. von Frankreich zum Schutz:[3])

---

1) Summa cur. regis (Arch. f. Kunde östr. Gesch.-Quellen 14 Bd., 1855) S. 358 .№ 232. Hier ist die ganze Adresse erhalten, die lehrt, dass der Brief an Karl von Anjou geschrieben war. Dagegen lassen Gerbert III, 31 u. Baumg. Formelb. 386 ihn in der Ueberschrift fälschlich an Phil. III geschrieben sein: beide weil im Briefe von dem französischen Königshaus die Rede ist, zu dem aber auch Karl I. sich rechnete. In Bärwalds Ausgabe ist dies zu rectificieren.

2) Ann. Lubic. ad. a. 1281, M. G. SS, XVI, 415: iste Teotonicos multum invidebat.

3) Böhmer, Regesten Rudolfs .№ 637. — Böhmer weist auf einen ähnlichen Brief bei Bodmann p. 77 hin, in dem Metz dem franz. Könige empfohlen sein soll. Schon Kopp 1, 871 Anm. 6 erkannte richtig, dass dies nichts weiter ist als der Brief, in dem R. die Stadt Lübeck Magnus v. Norwegen empfiehlt (Lübecker Urk.-Buch I, 331). Dieser Brief findet sich auch im Baumg. Formelb. S. 370 u. Bärwald fügt ihm hinzu: „wie dem Brief an K. Magnus liegt unsere Formel auch einem Briefe Rudolfs an K. Phil. v. Frankreich zu Grunde, den Bodmann 77 mittheilt, mit der richtigen Ueberschrift: Ut rex Franciae Metensibus ab imperii gremio dissitis protectionem largiatur." Der alte Irrthum, als wenn Kopp nicht geschrieben hätte! die Ueberschrift bei Bodmann beweist nichts, da sie von Bodmann selbst stammt (praef. V.), der seiner Sache so ungewiss war, dass er unter dieser Ueberschrift noch in Klammern hinzufügte: Forto et Leodienses concernit; er hätte richtiger gerathen Lubicenses! Metz kommt ihm in den Sinn, da er einige Seiten vorher einen Brief abgeschrieben hat (S. 36), der in ähnlicher Angelegenheit den Bischof v. Metz betrifft. Ob die darin ausgesprochene Empfehlung an den König v.

er selbst könne den, da die letztere vom Herzen des
Kaiserreichs so weit entfernt, nicht füglich besorgen:
Rudolf befand sich, als er das schrieb, zu Hagenau im
Elsass!

Im Folgenden wird sich zeigen, ob diese französische
Freundschaft, die Rudolf von Anfang seiner Regierung an
gesucht, ihm und seinem Lande zum Seegen gereicht. Oft
ist Freundschaft gefährlicher denn Feindschaft: wird auch
Rudolf das an sich erfahren?

Im Juni 1281 kam Rudolf zum ersten Male nach
fast fünfjähriger Abwesenheit in den Ostmarken wieder in
das Herz des Reichs hinein;[1] im Fluge durcheilte er die
deutschen Lande, überall Gesetz und Ordnung von neuem
aufzurichten, den nach dem Interregnum rasch gestifteten,
aber auch rasch zerfallenen Frieden dauernder zu befesti-
gen. Der Rest des Jahres und der grösste Theil des
folgenden ward durch diese Thätigkeit in Anspruch genommen, um Weihnachten 1282 aber versammelte der
König in Augsburg die Grossen zum Hoftag um sich.[2]
Hier war es, wo am 27. December seine Söhne Albrecht
und Rudolf zu Reichsfürsten erhoben wurden und ihre
feierliche Belehnung mit den östreichischen Landen statt-

Frankreich gerichtet ist, kann ich nicht entscheiden. Uebrigens bietet
dieser Brief ein interessantes Beispiel dar, wie der Bodmannsche
Compilator u. wie der Baumgartenberger Mönch ihre Briefe zustutzten.
Wie viel zuverlässiger ist doch der Verfasser des Codex, den Bodmann edirt hat!

1) Böhmer, Regesten Rudolfs № 583 ff.
2) Böhmer, Regesten Rudolfs № 721.

fand. Damit war das Werk gekrönt, das ihn solange beschäftigt: die Mitglieder seines Hauses standen ebenbürtig
an Stand und Macht den Ersten zur Seite; zugleich war
durch den eigenen Besitz ein solideres Fundament zum
Aufbau der Reichsgewalt gelegt.

Und Rudolf schien bereit, nun um so energischer in
dem begonnenen Friedenswerk fortfahren zu wollen.

Gleich im nächsten Jahre wandte er der Provinz, die
durch den Trotz der Magnaten und die Nähe des Auslandes
am meisten bedroht war, seine Fürsorge zu: kaum galt
in Burgund noch die Herrschaft des Reichs.[1]) Sommer
und Winter musste Rudolf gegen unbotmässige Grosse im
Felde liegen,[2]) erst gegen den Grafen Reinald von Mömpelgard, dann gegen den von Savoien.[3]) In unmittelbarer

---

1) Herzog Johann von Sachsen bezeugt in seinem Willebrief
zur Belehnung des Anjou mit Arelat, dass dieser, quod olim ab imperio tenebatur et adhuc teneri debet in feodum, per vacacionem
diuturnam immo longissimam ducentorum annorum et amplius sit
distractum in tantum, quod ipsius regni jurium et liminum memoria
vix existat. Ficker, Ueberreste des d. Reichsarchivs zu Pisa (Sitzungsberichte der Akad. zu Wien 14 Bd., 1855) S. 170. — Pfalzgraf Otto
von Burgund hatte kurz bevor Rudolf nach Burgund kam einen
Vertrag mit Herzog Robert von Burgund geschlossen, wonach seine
Pfalzgrafschaft an ihn, den französischen Vasallen fallen sollte. Plancher, Histoire de Bourgogne II, preuves p. 45 ff. Manches andere,
was die Ohnmacht des Reichs in diesen Gegenden illustriert, bringt
Kopp II, 2 (4. Buch), 430.

2) Böhmer, Regesten Rudolfs S. 119, 121 ff. u. N̶ 745 u. 762.

3) Ellenh. Chron., M. G. SS. XVII, p. 125. Ann. Colm. maj. ad
a. 1283, a. a. O. p. 210. Ann. brev. Worm., a. a. O. p. 77. Matth.
Neob. Chron. ed. Studer, p. 20 u. 22. Vgl. auch die ziemlich vollständige Zusammenstellung bei Forel, Régeste de documents relatifs
à l'hist. de la Suisse romande (Mém. et Doc de Suisse rom., tom.
XIX) S. 405 ff. — Ueber die eigenthümliche Stellung Reinalds wie
so mancher anderer burg. Dynasten zum Reich kann hier nicht näher

Nähe sah er das verderbenbringende Wirken Frankreichs.
Waren jene Gegenden durch ihre geographische Lage
schon von Natur mehr auf Frankreich denn auf Deutschland
hingewiesen, so war es dem ersteren durch die grosse
Zahl von Dynasten, die hier sassen, noch leichter geworden,
Einfluss zu gewinnen den gewonnenen fester zu knüpfen.
Bald war hier, bald dort eine Gelegenheit den einen gegen
den andern in Schutz zu nehmen; oft gab es Feindschaften
zu vermitteln, Bündnisse, Friedensverträge, Ehrversprechen
zu garantieren.[1]) Johann von Victring[2]) nennt den König
von Frankreich geradezu als einen der Besitzer des Landes
und Ottokar[3]) sagt von den Vasallen des Reichs: „Die hat
mit seiner Kraft Der von Frankreich bracht darzu, Dass
sie ihm spat und frue Mussten unterthenig wesen."

gesprochen werden; es sei nur bemerkt, dass Reinald vom Bischof
von Basel nicht Pruntrut mit Apertinenzien, vom röm. König nicht
Mömpelgard zu Lehn empfangen wollte. Die Akten z. Theil bei Trouillat,
Mon. de Bâle II, vom Jahre 1282 an. Ein besonders charakteristisches
Aktenstück p. 351. Thierri, Graf v. Mömpelgard vermacht Mömpelgard dem Reinald in Folge seiner Ehe mit Wilhelmine von Neufschatel, seiner Enkelin. Es heisst in der Urkunde von Mömpelgard:
il peut reparre au fie, se sa voluntez est, ec qui est de son aleuf,
dou comte de Bourgoigne, dou roy de France, dou roy
d'Alemaygne, dou duc de Bourgoigne ou dou conte do
Champaigne etc. In einem solchen Lande war allerdings der
deutsche König kein König mehr!

1) Z. B. Plancher, Hist. de Bourgogne II, preuves p. 50 oder
Ménestrier, Hist. civile de la ville de Lyon, Tract. de bell. et ind.
inter can. et civ. p. 19. (Phil. III. nimmt 1271 die Bürger in Schutz
gegen das Capitel. Ibid. p. 21. Vgl. unten im III. Abschnitt.

2) Joh. Victor. II., c. 7, Fontes I, p. 321: Tandem persuasus
(scil. Rudolfus) cogitavit, si abstracta imperio resarciret, sicut est
regnum Arelatense, quod rex Francie et alii per Burgundiam et
Proviniam possidebant.

3) Ottokar c. 282, Pez III, p. 236.

6*

Hier that vor allem energisches Eingreifen Noth;
deutscher Einfluss musste sich wieder geltend machen, um
den französischen zu paralysieren.

Es ist bemerkt,[1]) dass bei der Unmöglichkeit diese
Lande ganz wieder dem Reiche dienstbar zu machen, es
sowol für Rudolf wie für die savoischen Grafen gebotener
gewesen wäre, sich als gute Freunde zu unterstützen, denn
als Feinde zu bekriegen. Gewiss, der Rathschlag ist,
heutzutage gegeben, sehr gut — als die mächtigsten Herren
ringsumher waren sie vor allen befähigt, eine fester organi-
sierte Macht zu gründen und Frankreichs Vordringen
hierdurch eine Grenze zu setzen — aber er ist auch so
ziemlich im Sinne jener Zeit gesprochen. Man hat damals
speculiert, wie man das ganze Reich in seine Stücke zer-
legen wollte:[2]) Burgund sollte dann einen besonderen
Theil bilden. — Aber auch sonst ist der Gedanke, das alte
selbständige Königthum wieder erstehen zu lassen, auf-
getreten.

Das Reich hatte Arelat als losen Annex besessen und
nicht ungern hatte man es am Ende in dieser Verbindung
gesehen; denn während es für Deutschland, ohne unmittelbaren politischen Nutzen zu bringen, nur den indirekten
Vortheil gehabt hatte, als weit vorgeschobene, halb neutrale
Mark dem Nachbar die dringend gewünschte Ausdehnung
unsäglich zu erschweren, entzog es dem letzteren zugleich

---

1) Lorenz, Deutsche Geschichte II, 421 u. 430.
2) Das that Pabst Nikolaus III; Ptol. Lucens. Mur. XI, 1183.
Vgl. was Mansi in seiner Note zu Raynald 1273, § 6 von dem
Memoire Humberts de Romanis erzählt. Ficker, Forschungen zur
Reichs- u. Rechtsgeschichte Italiens II, 460 f. Kopp II, 3, 165.

eine Landschaft, die ihm einen positiven Machtzuwachs
von grösster Bedeutung eingebracht haben würde: neben
Lothringen[1]) musste Burgund das Uebergewicht in Mitteleuropa definitiv in Frankreichs Hände legen. Um dem
vorzubeugen dachte man, weil Deutschland es nur noch
scheinbar hielt, einen dritten damit zu beglücken: nur
giengen die Ideen, wessen Herrschaft eine solche Mittelmacht
anzuvertrauen, weit auseinander. Die englischen Pläne,
dem mit einer Prinzessin aus dem Haus Plantagenet ver-
mählten Hartmann Arelat zuzuwenden, waren durch Karls
von Anjou Gegenmachinationen gescheitert, aber auch
dieser war ebenso wenig zum eigentlichen Ziele gelangt.
Jetzt wandte man in London seine Gunst in erhöhetem
Masse den aufstrebenden savoischen Grafen zu. liess man
sich, weil es der eigene Vortheil gebot, deren Vermittlung
mit dem römischen König noch nach dem Aufgeben des
englischen Heiratsprojektes am Herzen liegen.[2]) Darüber
freilich. ob eine solche zwischen zwei mächtigen Nationen
eingeschobene Mittelmacht Aussicht auf Dauer hatte, urtheilte
jene Zeit nicht und konnte sie nicht urtheilen, während
wir, soviel später lebend, leicht an das Schicksal des
Herzogthums Lothringen erinnert werden. Aber solche
Erwägungen waren es auch nicht, die die Realisierung
hinderten. Die Zwistigkeiten. die zwischen den benach-

---

1) Ueber die Bedeutung Lothringens in seiner Mittelstellung
zwischen Deutschland und Frankreich spricht sich aus Scheffer-
Boichorst, Deutschl. u Philipp II. August (Forsch. z. d. Gesch. VIII.)
S. 467.

2) Rymer, Foedera I, 589 u. 615; Pauli, Engl. Gesch. IV, S. 46.
Ueber die Verbindung Savoiens mit England auch Wurstemberger,
Peter der Zweite II, 1 – 267.

barten Habsburgern und Savoiern schon in früheren Ge-
schlechtern entbrannt waren,[1]) liessen diese beiden zunächst
betheiligten Parteien nicht zum Bewusstsein kommen:
Rudolf speciell verschärfte den Gegensatz, indem er den
Hader von Familie zu Familie wie eine Angelegenheit des
Reichs behandelte.[2]) Daneben hatte er die Idee noch nicht
aufgegeben, seinem eigenen Hause Burgund gewinnen zu
können:[3]) man darf es offen behaupten, dass diese Hoffnung ihn dazu führte, sich eingehender mit den Angelegenheiten dieses Landes zu beschäftigen. Auch blieben seine
Absichten nicht unbekannt;[3]) sie waren offenbar mit Anlass,
dass die einheimischen Grossen so oft gegen ihn im offenen
Aufruhr die Waffen ergriffen: zeigten sie doch schon bei
der Candidatur des Anjou, dass sie nichts mehr fürchteten
als das Wiederaufleben des alten Königthums:[4]) die zügel-

1) Wursteinberger I, S. 461 ff. Kopp II, 2, 213 ff.

2) Böhmer, Regesten Rudolfs (Addit. I) .№ 1201.

3) Geradezu spricht das der Chronist von Colmar aus, allerdings
in der negativen Fassung: propter occupationes, quas habuit in Theu-
tonia, ad regnum Arelatense non poterat pervenire, ut illud in propriam
potestatem traheret. Chron. Colm., M. G. SS. XVII, p. 261.

4) Ficker, Forschungen zur Reichs- und Rechtsgesch. Italiens
II, 461 verweist auf ein Bündnis der Kirchen von Lyon und Vienne
zur Wahrung ihrer Rechte, da sie von einem künftigen König gehört
haben: cum nos timeamus et timere debeamus propter suspicionem
regis venturi, ut dicitur, ecclesias Lugdunensem et Viennensem posse
laedi ac gravari super juribus etc. Valbonnais, Hist. de Dauphiné
II, p 23 f. Man verfuhr übrigens mit aller Rücksicht gegen die
arelatischen Kirchen bei der Belehnung Karls: Item fiat similis litera,
in qua caveatur ecclesiis illarum partium . . . , quod per ea, quae
fient per donationem . . . , nullum praeindicium fiat eis. Kopp II, 3,
328. Dieser Brief wurde dann auch ausgestellt 28. März 1280; vgl.
Kopp II, 3, 181 Anm. 4 u. 5. — Aber jenem Bündnis der Kirchen
war schon ein grösseres vorhergegangen. Königin Margareta hatte

lose Freiheit, die sie bald nach Deutschland, bald nach
Frankreich hinneigen liess, wo sie dann überall gerne
gesehen waren, war die rechte Lebensluft für solche
Magnaten.

Leider hatte der Eifer, mit dem Rudolf im Februar
1283 ins Feld gezogen, nur bis zur Demüthigung des
Savoiers gedauert; bald sann er darauf, wie er mit fried-
licheren Mitteln das Land gewinnen möchte.   —

Jene ganze Zeit liebte es, wie selten eine, die Heirat
als politisches Mittel zu gebrauchen   Karl von Anjou,
Philipp III. und nicht zum wenigsten Rudolf glaubten den
Gang der Dinge durch eine eheliche Verbindung ihrer
Häuser lenken, ja aufhalten zu können.   Der mächtigste
französische Grenzvasall, Herzog Robert von Burgund, war
durch doppelte Familienbande an die Capetinger geknüpft,
durch seine Gattin Agnes, die Schwester Philipps III. und
seine Brüderstochter Margareta, die Karls I. Gattin war.[1]
Diesen mächtigen Fürsten, dessen Einfluss sich tief in die
Reichslande erstreckte, suchte auch Rudolf an sich zu
fesseln; er glaubte, dass seine Freundschaft ihm vom grössten
                    —

im Jahre 1280, spätestens im October, meist burgundische Fürsten in
Macon um sich gesammelt, nämlich den Erzbischof v. Lyon, den Bischof
v. Langres, den Grafen v. Savoien, den Grafen von Champagne, den
Grafen v. Alançon, den Herzog und den Grafen v. Burgund, Thomas
v. Savoien, den Grafen v. Vienne u. a., diese sollten ihr zu ihrem
Rechte auf die Provence verhelfen 'et empeschier que li princes de
Salerne ne poust venir an roiaume d'Arle et de Viene, que il por-
chnee vers le roi d'Alemaigne.' Sie haben ihr Hülfe gelobt mit
Leib u. Leben, Land u. Leuten und versprochen, 'que il empecheroient
que li dis prince ne poust venir andit roiaume.' Das schreibt sie
am 30. October Eduard I. u. bittet ihn um seinen Beistand. Lettres
de rois, reines I, p. 265.

1) Kopp II, 2, 371.

Nutzen sein würde,[1]) wenn es gälte. in diesen Gegenden
des Reiches Ehre hochzuhalten. So scheute er sich nicht,
66 Jahre alt, um die Hand der 14jährigen, in jugendlicher
Schönheit strahlenden Isabella von Burgund anzuhalten.
Bereitwillig mochte Robert seine Schwester dem römischen König geben:[2]) auch er hatte gerne gegen den
Lehnsherrn bei einem mächtigen Verwandten Rückhalt.
In eigener Person führte er die Braut ihrem Bräutigam
nach Remiremont entgegen. Hier ward am 6.[3]) Februar

---

1) Ottokar c. 282, Pez. III, p. 236. — Joh. Vict. II, c. 7, Font.
I, 321, schreibt hier Ottokar wörtlich ab.

2) Ottokar a. a. O.:

Chnnig Ruedolf zu hanat
Sein poten dar sannt,
Daz er jm geb die magt.
Die' plaib ym unversagt,
Daz tet man mit eren,
Ir Vater gab ym sew gern.

3) Kein Datum geben Ann. brev. Worm., M. G. SS. XVII, p. 77.
Den 3. Februar haben die Ann. Sindelfingenses ad a. 1284, M. G.
SS. XVII, p. 303, doch muss diese Zeitangabe sehr unwahrscheinlich
erscheinen, da Rudolf noch am 31. Januar zu Freiburg im Oechtland
urkundet, Böhmer, Regesten ✔ 1204 (Add. 1). — Ann. Colm.
maj. ad a. 1284, a. a. O. p. 211: Item rex Ruodolphus uxorem
Gallicam duxit in Rumarico monte in festo sancte Agate (5. Febr.),
et necessaria ministravit supervenientibus abundanter. Ellenh.
Chron., a. a. O. p. 127: anno Domini 1284 dominica Circondederunt
(6. Febr.) illustris dominus Ruodolfus rex . . . duxit in uxorem
dominam Elisabetham . . . apud Rymilisberg, que tantum erat iu
etate 14 annorum et pulchra nimis. Diese verschiedene Angabe des
Hochzeitstages auf den 5. u. 6. Februar erklärt sich wol ganz einfach
aus dem Schaltjahr 1284. Alles deutet darauf hin, dass der Sonntag nach Reinigung Mariä der Festtag gewesen; vgl. Ficker, Reichs-
archiv zu Pisa (Wiener Akademie 14. Bd.) S. 172: Robert bekennt
an diesem Sonntage die Rechte auf das Delfinat von Rud. empfangen
zu haben. Der Annalist v. Colmar übersah das Schaltjahr u. nennt

1284 das Beilager gefeiert. Zugleich wurde der Herzog
mit den Rechten, die ihm und Rudolf im Delfinat zukamen,
belehnt; vorbehalten blieben die Rechte der Beatrix, der
Gattin des letzten Delfins:[1]) mit der einen Hand schafft
Rudolf Frieden und Freundschaft, mit der andern säet er
frischen Hadçr und bietet dem Ausland Gelegenheit zu
erneuerter Intervention. Denn einmal hatte Beatrix mit
allen ihr zustehenden Rechten schon Johann, den Sohn
ihrer Tochter Anna mit Humbert de la Tour und Coligny
investiert:[2]) in Folge dessen wird der letztere wie die
Urkunde[3]) so auch die übermachten Güter für seinen
Knaben in Obhut genommen haben. Dann kam das durch
den Tod ihres Bruders Johann erledigte Delfinat der
Anna als einzig überlebendem Kinde und als vom Vater
für solchen Fall eingesetzten Testamentserbin zu:[4]) auch

den Agathentag, der sonst allerdings mit dem Sonntag Circondederunt,
d. h. dem Sonntag post purificationem Mariae, zusammengefallen wäre.
— Die Nachfeier in Basel, von der Ellenhard jetzt gleich erzählt,
hat schon Böhmer zurückgewiesen u. das Entstehen des Irrthums
erklärt. Böhmer, Regesten Rudolfs S. 124.

1) Die Belehnungsurkunde Rudolfs ist vom 4. Febr., Guichenon,
Hist. genealogique de Savoye II, 80. Die Gegenurkunde Roberts
vom Sonntag den 6. Febr.; er bekennt alle Rechte empfangen zu
haben, salvo jure illustris domine Beatricis Dephine, filie quondam
comitis Petri Sabaudie. Ficker, a. a. O. S. 172.

2) Kürzlich in vollständiger Fassung abgedruckt bei Kopp II, 3,
316. Unvollständiger Hist. de Dauphiné II, 24 u. Wurstemberger,
a. a. O. IV, 481.

3) Dilecta devota nostra (scil. Beatrix) ad nostram (scil. Rudolphi)
perduxit noticiam, quod tu nomine filii tui quoddam habeas instrumen-
tum. Kopp II, 3, 17. D m Notar war seiner Zeit aufgetragen zu
verfertigen: duo publica eiusdem tenoris instrumenta, quorum unum
dictus Johannes et aliud habeat dominus Hartmannus predictus Balivus.

4) Hist. de Dauphiné II, 3.

das hatte Humbert als Annas Gemal faktisch im Besitz
und selbst Rudolf ehrte ihn noch jetzt nach der Belehnung
Roberts, am 17. März 1284, mit dem Titel eines Delfins:[1])
sollte das auch keine Anerkennung involvieren,[2]) so docu-
mentiert es doch das Schwanken Rudolfs. Da machte
natürlich Humbert keine Miene, das Land aufzugeben oder
Rudolfs Aufforderung zu entsprechen und an den königlichen Hof zu kommen, um mit Robert ausgesöhnt zu
werden.[3]) Während dann der König die Sache ruhen
liess, benutzte der eben erst seinem Vater gefolgte Philipp
IV. die Gelegenheit einzugreifen:[4]) es gelang ihm die
streitenden Parteien auszugleichen. Humbert behielt, was
er schon besass, nur musste er die Erbberechtigung Roberts
für den Fall anerkennen, wenn Anna ohne lebende Kinder
sterben sollte; daneben trat er kleine Gebietstheile ab.[5]) Der
Belehnung Rudolfs gedachte man mit keinem Worte mehr.

Nicht viel anderes geschah in denselben Tagen in
Savoien.[6]) Hier begünstigte der König von England —

---

1) Hist. de Dauphiné II, 28 f Rud. nennt ihn: Humbertus
Dalphinus Viennensis et Albonensis comes, dominus de Turre.

2) Lorenz, Deutsche Gesch. II, 427, der die Sache leider sehr
kurz behandelt, sagt, R. habe auch „die Ansprüche der Latour
bestätigt;" soll das nun ein Plural oder ein Fem. Sing. sein: ich
finde nichts davon.

3) Er war von Rudolf auf Bitten der Beatrix nach Freiburg im
Oechtlande geladen: Beatrix wünschte jene frühere Abtretung ihres
Besitzes rückgängig zu machen. Die Vorladung bei Kopp II, 3,
316 ff; vgl. Kopp II, 2, 373 ff.

4) Im Januar und Februar 1285 (nach französischem Stil 1285);
Plancher, Hist. de Bourgogne II, preuves 58 ff. u. 60 ff.

5) Genaue Analyse der Urkunde bei Kopp II, 2, 384.

6) Vgl. Kopp II, 2, 376 ff., der die Quellen aufs genaueste
zusammenstellt und dessen weitläufigen Untersuchungen ich mich
im Folgenden nur anschliessen kann.

ihm hatte der regierende Graf Philipp das Recht, den Nachfolger zu bestimmen, übertragen — Amadeus, während Rudolf Ludwig bevorzugte. Schon zu Philipps Lebzeiten stritten beide um die Herrschaft, vereinbarten sich aber nach seinem Tode und zwar, obwohl Rudolf das Lehn Ludwig zugesprochen.[1]) zu Amadeus' Gunsten; zugleich stellten sie ihr Abkommen unter den Schutz der Kirche und der Könige und Königinnen von England und Frankreich, verzichteten sogar im Voraus auf alle Privilegien, die Rudolf oder seine Nachfolger ihnen noch verleihen könnten.[2])

Gewiss war hier das Recht beide Male und besonders im ersten Falle von Frankreich verletzt. Wie durfte Philipp ein Reichsland vergeben? Doch das habsburgische Haus war durch ein doppeltes Band mit ihm verbunden: warum — mochte Rudolf denken — das Princip des Rechts urgieren, wenn nur keine positiven Grenzüberschreitungen stattfinden: er hat nichts in diesen Angelegenheiten gethan.

Doch hatte der römische König nicht zweimal dem Schutze Frankreichs ein Glied des Reichs empfohlen? Man hielt es für erlaubt, jetzt auch ohne direkte Empfehlung einem andern seine Huld angedeihen zu lassen.

---

1) Lorenz, Deutsche Gesch. II, 429, sagt über das Verhältnis Ludwigs von Savoien zu Rudolf: „Völlig unbegreiflich allerdings muss es darnach erscheinen, dass auch nach diesem Vertrage Ludwig immer wieder Beziehungen zu König Rudolf anzuknüpfen u. Privilegien zu gewinnen wusst." — Ueber diese durch Rudolfs grenzenlose Schwachheit stets von neuem gewährten Privilegien vgl. Kopp II, 2, 385

2) Hist. Patr. Monum., Chart. I, 1570 ff. (14 Juni 1285).

Schon längst war die Sehnsucht in Paris auf das am
rechten Rhoneufer gelegene Viviers gerichtet gewesen,
sogar Ludwig IX. hatte seine Hände nach diesem Bisthum
ausgestreckt. Auf die Klagen des Bischofs, dass er und
seine Vasallen, obgleich dem Reiche unterthan, von des
Königs von Frankreich Beamten vor Gericht geladen, und
wenn sie nicht erschienen, mit schwerer Strafe belegt
würden, hatte Clemens IV. am 9. November 1265 den
König ersucht, sich dieser Kirche zu enthalten.[1]) Zwar
kenne er sonst die Grenzen des Reichs nicht so genau,
über diesen Fall aber habe er sich schon beim Beginn
von Ludwigs Regierung genau unterrichtet. Denn als
damals der Seneschall von Beaucaire, Peregrinus Lacina-
rius, in derselben Angelegenheit mit Bischof Bermundus in
Streit gelegen, habe er Bischofs- und Capitelsarchiv durch-
gesehen und gefunden, dass alle Privilegien von den Kaisern
ausgestellt seien.[2]) — Diese päbstliche Verwendung scheint
ihre Wirkung nicht verfehlt zu haben, wenigstens sollen
zu Ludwigs Lebzeiten alle Belästigungen aufgehört haben.

---

1) Clemens schreibt an Ludwig IX., dass der Bischof ihm mitge-
theilt, quod a tuis (scil. Ludowici) officialibus miserabiliter oppri-
muntur, qui eum soli, ut asserunt, subsint imperio, ad judicium
evocantur ab eis et ipsorum vassali similiter; et si non venerint,
mulctantur et pignorantur, et in civilibus et criminalibus judicantur.
Gall. christ. XVI, instr. p. 254 . № 27.

2) . . Vivarium ivimus et tam episcopi quam capituli nobis
apertis archivis omnia eorundem privilegia vidimus, quae quidem
erant imperialia; nec unum regium invenimus inter illa,
quae a multis retroactis temporibus indicabant, dictam ecclesiam
cum suis juribus ad imperium pertinere, sed et vetera nobis
ostenderunt vexilla imperialia, quibus episcopi Viva-
rienses pro tempore usi fuerunt; nec quidquam aliud, receptis
juramentis aliquibus, potuimus invenire. Gall. christ. a. a. O.

Nach seinem Tode traten Philipps III. Baillive von neuem
mit den alten Ansprüchen hervor.[1]) Jetzt nahm sich bei
der noch dauernden Vacanz des Reichs Gregor des bedrängten
Bisthums an; er erneuert seines Vorgängers Bitten und
beruft sich auf dessen archivalische Untersuchungen.[2])
Dann hören wir lange nichts mehr von Beunruhigungen,
bis sie sich am Ende von Philipps Regierung so vermehrt
haben müssen, dass alle Fürsten des Arelats sich vereinigten
und ihre Klagen Rudolf vortrugen.[3]) Das mag im Jahre
1284 oder 1285 geschehen sein. Durch diese Bitten
gedrängt verwandte sich der König für seine Unterthanen.
Er hoffe und glaube, so schreibt er Philipp III., dass seine
Beamten gegen sein Wissen gehandelt hätten. Er selbst
habe sich durch gütige Einwirkung Gottes zum Gesetz
gemacht, nie nach fremdem Eigenthum begierig, sondern
stets mit dem Seinen zufrieden zu sein, auch niemals das
französische Gebiet zum Schaden des Königs von Frankreich
zu berühren. So solle nun Philipp Gleichheit walten
lassen, und wie Ludwig es gethan, alle Beunruhigungen
des Bisthums untersagen. Er selber wolle und dürfe die
dem Reich unterworfene Kirche nicht verlassen und würde
sich bereiten, sie mit jedem ihm zu Gebote stehenden
Mittel von der Verfolgung zu befreien.

1) Et licet post ipsarum litterarum praesentationem tempore
dicti regis dicantur eaedem molestiae cessavisse, tamen post ejus
obitum, prout supradictus episcopus asserit, revixerunt et etiam
excreverunt. Aus dem Schreiben Gregors. Siehe folgende Note.

2) Gall. christ. XVI, instr. p. 254 № 27.

3) Wir wissen hiervon durch das daraufhin an Phil. III. erlassene
Schreiben Rudolfs. Ueber diesen bisher unbekannten Brief siehe
Beilage C.

Was man zu diesem Brief, der Bitte und Drohung
in merkwürdiger Weise in sich vereinigt, am französischen
Hofe gesagt hat, wissen wir nicht, doch lehrt die Folgezeit
— von Philipp, dass er der Versicherung des deutschen
Königs, nie die französischen Grenzen berühren zu wollen,
mehr Glauben geschenkt hat als der schliesslichen Drohung;
-- von Rudolf, dass er seinen Worten keinen Nachdruck
verliehen hat. Im Jahre 1286 war die Standhaftigkeit
Viviers' gebrochen. Am 1. April schwört der Bischof Hugo
dem Seneschall von Beaucaire vor ihm zu Recht stehen
und am nächsten Tage seines Seneschallats im Parlament
zu Paris erscheinen zu wollen; dann nimmt er seine und
seiner Kirche Güter, die dem König von Frankreich ge-
hören, von ihm zu Lehen.[1]) Eine nähere Umgrenzung
derselben findet nicht Statt:[2]) Philipp IV. vermied das
gerne, um stets frischen Anlass zum Eingriff zu haben.

Wie weit es sich hier um Anerkennung von Regalien
handelte, auf die der König von Frankreich einen alten
Anspruch hatte, ist nicht mehr zu entscheiden: möglich
dass solche mit in Betracht kamen. Im Grunde aber
unterliegt es wol keinem Zweifel, dass Rechte in Frage
standen, die erst erworben werden sollten — selbst ohne
begründet zu sein. Dafür spricht auch das Zeugnis des
Pabstes Clemens.[3]) Man wird - und es wäre nicht das

1) Gall. christ. XVI, instr. p. 267 .№ 31.
2) Der Bischof schwört, vor dem Seneschall zu Recht stehen zu
wollen, wie er gehalten ist 'de consuetudine vel de jure': sehr vage
Bestimmungen, besonders da er noch nie vor seinem Tribunal erschienen war.
3) Vgl. oben S. 92 Anm. 1 u. 2. — Es wird erlaubt sein hier noch
ein anderes Zeugnis beizubringen, dem allerdings keine besondere
Beweiskraft beigemessen werden soll. Bei Gotifr. Viterb. Panth.,

einzige Mal - durch allmähliches, unablässiges Bedrängen, was ursprünglich fremd war, zu erringen gewusst haben. Auch gab es kein besseres Mittel den Bischof vom Reiche zu trennen, als dass man ihn zwang, die Gerichtshoheit des benachbaiten Seneschalls und des Pariser Parlamentes anzuerkennen. — So erklärt es sich, dass während Friedrich I.[1]) u. Friedrich II.[2]) nur Reichsregalien dieser Kirche kennen — „denn der Kaiser ist von allen Laien ihr einziger Herr"[3]) in der bekannten Urkunde vom Jahre 1333 die Regalien auf Reichsboden scharf getrennt werden von denen auf französischem Gebiet.[4])

Schon ein halbes Jahr bevor Viviers sich ergeben hatte, war Philipp III. gestorben;[5]) nach ihm bestieg ein

M. G. SS. XXII, p. 274 übergibt Boso dem König Otto I. die Provence u. a. mit folgenden Worten:

Trado tibi regnum, cunctos depono decotes,
Amodo nostra tibi sacra lancea prestet honores;
Sola michi monachi vita colenda foret.
Do tibi Vivarium, Lugduni sede sedebis,
Hec duo eis Rodanum, me traduce, castra tenebis,
Rex ibi Francigenis predia nulla petit.

Dazu die Note: Scilicet civitatem ultra Rodanum fluvium, qui determinat imperium et regnum. Et nota, qnia alia omnia que sunt ultra Rodanum spectant ad regem Francorum. Ille vero due civitates in parte illa ad imperium pertinent, non ad Francigenas.

1) Vgl. Hüffer, das Verhältnis des Königreiches Burgund zu Kaiser u. Reich, besonders unter Fiiedrich I. (Gött. diss.) S. 95.

2) Huillard-Bréholles, Hist. dipl. Frid. sec. I, 3z9 u. IV, 806.

3) Worte aus der Urkunde Friedrichs I.; vgl. Hüffer S. 52 Anm. 2 u. S. 95.

4) . . . pro terra temporalitatis . . . que est extra terminos regni infra metas imperii. Ficker, Reichsfürstenstand I, 291. Vgl. auch S. 302.

5) Philipp III. † am 5. October 1285 in Perpignan auf dem Feldzug gegen Aiagon.

Regent den französischen Thron, der mit ganz anderer Begabung, ganz anderen Absichten die Geschicke Frankreichs zu leiten begann: kann doch das Capetingische Haus keinen, Frankreich nur wenig grössere Monarchen als Philipp IV. aufweisen. Ueberall treten eigenartige Ideen mit ihm in der Geschichte auf, schon dagewesene werden zu frischem Leben erweckt: es ist begreiflich, dass er Deutschland gegenüber eine wesentlich andere, eine that- kräftigere Stellung als sein Vater eingenommen hat.

Auch unter den Herrschern der benachbarten Länder hat der Tod im Jahre 1285 seine Ernte gehalten. Schon vor Philipp III. war König Karl I. von Sicilien und Pabst Martin IV. dahingerafft;[1]) kurz nach ihm endete sein letzter Gegner König Peter von Aragonien.[2]) So traten ganz neue Männer auf den europäischen Schauplatz: nur der eine Rudolf blieb.

Es sind bis jetzt keine Kämpfe zu melden gewesen, in denen er dem Auslande unterlegen wäre: dennoch war diese erste Hälfte seiner Waltung verhängnisvoll für das Reich geworden, weil die alten Rechte, die zerrüttet dalagen, nicht wieder geltend gemacht, der Verfall derselben also anerkannt war. Dagegen war der französische Einfluss, wenn nicht gewachsen, so doch auch keineswegs gemindert: es bedurfte nur eines grösseren Königs als Philipps III., um ihn weiter denn je zu tragen. Das musste dann Deutsch- land vor allen empfinden.

Rudolf war weit entfernt gewesen, in Frankreich den Gegner, den Rivalen zu erkennen, der es in der That

---

1) Raynald 1285, § 13.

2) Peter † 11. November 1285; vgl. Villani, lib. VII, c. 93 u. 105.

war; er hatte in ihm den Freund gesucht, immer wieder
nach seiner Gunst gestrebt, ihr vieles geopfert. Da wurde
freilich das Band, welches das Arelat an das Reich knüpfte,
nicht fester geschürzt. Auch konnte der den feindlichen
Einfluss nicht verdrängen, der ihn selber hoch hielt.

Dieses Herbeirufen des Fremden in die eigenen Angelegenheiten hat sich bitter gerächt. Schon jetzt hatte
Rudolf die Folgen gesehen: in nächster Zeit werden die beiden
weitvorgeschobenen Grenzprovinzen, Burgund und Lothringen, unsre Aufmerksamkeit in erhöhetem Masse fesseln.
Viviers lag noch jenseit der Rhone: geben wir es dahin!
Gelang es denn aber Rudolf die näher gelegenen Gebiete,
nur Deutschland in seiner Integrität'zu wahren?

III. Rudolf von Habsburg und Philipp IV. von Frankreich.

Als Philipp IV. den Thron bestieg, war er seinem Alter nach noch ein Jüngling — kaum zählte er 17 Jahre — aber an Kraft des Geistes und des Körpers schon ein gereifter Mann: ganz gleicht er darin Philipp II. Augustus; nur erscheint er nicht wie dieser gleich vom Beginn seiner Regierung an in voller Eigenthümlichkeit: ein grösserer Meister als sein Vorfahr in allen Fragen äusserer und innerer Politik hat er längerer Zeit der Lehre bedurft.

Auch hatte sein Vater ihn mitten im Wirbel unglücklicher Kämpfe zurückgelassen: aus diesen musste ein Ausweg gefunden werden: erst dann konnte er seine eigenen Bahnen gehen.

Die Erbschaft, die er antrat, war der Krieg gegen Aragon, der ihn Jahre lang an den Pyrenäen fesselt. Philipp ist nie bereit gewesen mit ganzer Energie hier einzutreten, mit den besten Kräften seines Landes dem Bruder die vom Pabste mit zweifelhaftem Recht verliehene Krone zu erobern. Der Besitz einiger, nur schwer zu behauptender Provinzen auf der iberischen Halbinsel konnte die Machtstellung Frankreichs, wie er sie wollte, nicht begründen. Erst als er dieses Gegners ledig ist, greift er nach eigenen Plänen, mit vollerem Griffe hinein in das

Leben der europäischen Völker. England soll daran denken, dass sein König noch immer des Franzosen Lehnsmann ist; Deutschland soll seine westlichen Grenzmarken verlieren, die eine überlegene Macht in Frankreichs Hände legen; und das fatale Bündnis dieser beiden gegen ihn, den gemeinsamen Feind, wie kann es leichter unmöglich gemacht werden, als wenn der römische König in Zukunft aus seinem, dem Capetingischen Hause genommen wird! Zugleich war damit das Kaiserthum, der Rechtstitel auf die Herrschaft der Welt, an Frankreich gekommen, war auch vor allem der h. Stuhl auf das empfindlichste geschlagen. Bisher hatte er bald an Deutschland, bald an Frankreich eine Stütze gegen den, der ihm gerade Feind war, gefunden; was sollte aus jenem Pontifex in Rom werden, wenn Philipp alles in seiner Hand vereinte? Da fasst er auch die Kräfte der französischen Nation, deren Unterstützung er in dem Kampfe bedarf, kräftiger zusammen, als es bis dahin jemals geschehen. Aber fern ist es von ihm, sein Land darum in endlose Kriege stürzen zu wollen — nie hat er die Entscheidung durch das Schwert geliebt, durch die mit einem Schlage oft alles gewonnen, aber auch alles verloren werden kann —- mit der überlegenen Waffe seines Geistes denkt er Frankreich zur Regentin des Abendlandes zu machen.

In der Zeit, die uns hier beschäftigt und die zusammenfällt mit den spanischen Angelegenheiten, tritt von alledem wenig hervor, aber doch zeigen sich die Anfänge der späteren Pläne: Philipp IV. verbindet mit einer weit voraus sorgenden Ueberlegung jene Consequenz, die nie von dem einmal begonnenen um eines Schrittes Breite weicht.

Früh beginnt er mit leiser, behutsamer Hand — denn
er wünscht noch keine grösseren Verwickelungen — die
Fäden zu spinnen, an die er nachher anzuknüpfen denkt;
keine Gelegenheit, die seinen Einfluss an der Westgrenze
des Reichs zu stärken vermag, bleibt ihm verborgen. Er
sammelt die mit der Waltung des römischen Königs Unzu-
friedenen um sich; die Erwägung ob Recht, ob Unrecht
existiert für ihn nicht, wenn nur das kleinste Glied dem
Nachbar entfremdet werden kann. Als er soweit gekommen,
dass der Ausbruch der offeneren Feindschaft kaum zu
vermeiden, er auch — im Rücken nunmehr frei — bereit
ist mit niedergelassenem Visier in die Schranken zu treten,
da stirbt sein bisheriger Gegner, König Rudolf: sein Nachfolger muss eine unheilschwangere Erbschaft übernehmen.

Es wird unsere Aufgabe sein, Rudolfs Verhalten Frankreich gegenüber in diesen Jahren zu betrachten und so das
bisher gewonnene Bild seiner Politik möglichst zu vollenden.[1]

---

1) Ueber die Zeit Philipps des Schönen besitzen wir von franz.
Seite jenes vortreffliche Werk von Edgard Boutaric, La France sous
Philippe le Bel, Paris 1861, das besonders die innere Politik Philipps
behandelt, aber auch für die äussere wichtige Fingerzeige gibt.
Daran schliesst sich die von demselben veröffentlichte Sammlung
von Aktenstücken (in Notices et extraits des manuscrits de la biblio-
thèque imperiale par l'inst. imp. de France XX, Paris 1862, P. 2)
die allerdings erst für die spätere Zeit in Betracht kommt.
Für die im Folgenden behandelte burgundische Geschichte ist zu
berücksichtigen das Werk von Clerc, Essay sur l'hist. de la Franche-
Comté (2. Aufl.), Paris 1870. Das Buch ist werthvoll durch die
Fülle ungedruckten Materials, das dem Verfasser in seinen heimischen
Archiven zu Gebote stand; stützt er sich nicht auf solches, so geht
er den schlechtesten Quellen (z. B. Tritheim) mit Vorliebe nach: das
Buch ist dann oft voll von Fabeleien und den gröbsten Irrthümern.

Das Bisthum Viviers und der Streit Herzog Roberts
mit Humbert de la Tour hatte Philipp schon im ersten
Jahre seiner Regierung Gelegenheit gegeben, in die Reichsangelegenheiten einzugreifen: auf Burgund richtete er auch
in der nächstfolgenden Zeit sein Hauptaugenmerk. Zum
Theil unter seinem Einfluss entstehen in diesen Grenzlanden
jetzt offene Aufstände gegen das Reichsoberhaupt.

Im Jahre 1287 erneuerte sich zuerst die Fehde
zwischen dem Grafen von Mömpelgard und dem Bischof
von Basel. Reinald, der wol wie das erste Mal die Absicht
hatte mit dem Schwerte in der Hand sich vom bischöflichen
Joche freizumachen, mochte wähnen, was unter dem ener-
gischen und gewandten Heinrich von Isny[1]) nicht geglückt,
könne vielleicht seinem Nachfolger, Peter Reich von Reichen-
stein gegenüber, ertrotzt werden. Er begann den Streit
und überfiel die Leute des Bischofs.[2]) Dieser brach dafür
mit überlegener Macht,[3]) alles umher verwüstend, in das
Land des Grafen ein,[4]) ward aber von dem letzteren an-

---

1) Heinrich v. Isny war Erzbischof v. Mainz geworden; vgl.
Trouillat II, S. 423 ff

2) Es sei hier bemerkt, dass uns die Absicht, in der Reinald den
Kampf begonnen, nicht überliefert ist; merkwürdig ist es, dass auch
beim Friedenschluss nicht erwähnt wird, um was es sich eigentlich
gehandelt: allerdings haben wir keine urkundliche Nachricht über
ihn. — Den Beginn des Kampfes geben Ann. Colm. maj. ad a. 1287,
M. G. SS. XVII, p. 214: Prope Brunnendrut fuerunt de hominibus
Basiliensis episcopi quidam interfecti et plus quam 12 milites captivati

3) Ellenh. Chron., M. G. SS. XVII, p. 128: qui in triplo plus
habebant (scil. episcopus Basiliensis et sui) in militia, quam comes
Montis-peiliardis.

4) Ann Colm maj., a. a. O. p. 215: Episcopus Basiliensis terram
comitis Montis Bilgardis potenter intravit pluresque villas devastavit·

gegriffen und aufs Haupt geschlagen. Die Schuld an dem Unheil trug Peters Bündner, Graf Egeno von Freiburg im Breisgau, der gleich beim Beginn des Gefechts sein Pferd zur Flucht wandte und seine Mannen mit fortriss.[1]) Von des Baslers Leuten wurden viele getödtet, viele gefangen.[2]) Dieser Zwist, doch unter Reichsangehörigen ausgefochten, nahm in den Augen jener Zeit den Charakter eines nationalen Kampfes — die Niederlage, den einer Schmach für die deutsche Nation an: „befleckt hatte Graf Egeno den guten Ruf der deutschen Ritterschaft."[3]) Die Berichterstatter nennen als Gegner einfach die Franzosen; [4]) kaum

---

1) Ellenh. Chron., a. a. O. p. 128. In quo conflictu cum episcopus Petrus Basiliensis et sui, inter quos erat nobilis quidam de Brisgavia . . . ; mox cum nobilis ille, cuius nomen non ignoretur, vidisset adversarios in remotis, laxatis habenis fugam dedit, et ipso fugiente cum magna militia dans aliis exemplum fugiendi et fugierunt plures cum eo. Der welcher flieht und den Ellenh. sehr wohl kennt und nur nicht nennen will, heisst bei Fritsche Closener, Chron. der deutsch. Städte Bd. 8 (Strassburg) S. 48: „grove Egene von Friburg." Er hat den Namen aus dem Ellenhard; über die spätere absichtliche Tilgung desselben und die Motive der Tilgung siehe Jaffé's Vorrede SS. XVII., p. 100 f.

2) Ellenh. Chron., a. a. O. Cives autem et milites Basilienses, qui cum ipso erant episcopo, fugere nescientes, quia habuerant odorem bone fame, ierunt conflictum cum comite Montpeiliardis, et multi ex eis perierunt; reliqui autem captivi deducebantur. — Ann. Colm. a. a. O.: Comes vero de militibus episcopi plus quam quinquaginta de nobilioribus ac ditioribus captivavit.

3) Ellenh. Chron. a. a. O.: . . . . et denigravit bonam famam militie Theutunie regionis, que fama nunquam fuisset in debitum modum et odorem bonum restaurata, si non peregisset dominus Rudolfus rex Romanorum, prout in expeditione Bysuntina videbitur contineri infrascripta. Weiterhin: . . . de qua (fuga) tota militia Alemanie submisso capite et turbido incedebat vultu.

4) Das Land Reinalds heisst Ann. Colm. maj., a. a. O. p. 215: terram Gallicorum circa Brunnendrut; ebenso Chron. Colm., a. a. O. p. 255; ähnlich schon im J. 1283 bei Matth. Neob. Chron. p.

unterscheiden sie von diesen noch die Burgunder. — Wie
weit in der That Philipp IV. seine Hand im Spiele hatte,
ist schwer zu bestimmen:[1]; er sah den Streit gewiss sehr
gerne: auch suchte Anfang April 1288 ein französischer
Gesandter Rudolf in Colmar auf;[2]) möglichenfalls wurde
über den Grafen von Mömpelgard und andere burgundische
Angelegenheiten [3]) gesprochen, doch Einfluss auf die politische Lage hat diese Gesandtschaft nicht gehabt. Rudolf
hat, wie 1283, den Grafen mit Waffengewalt niedergewor-
fen. Auf die Bitten des bedrängten Bischofs kam er im
folgenden Jahre (1288) von der Belagerung Berns herüber,[4])
legte sich vor Mömpelgard und verwüstete drei Wochen lang
das Gebiet um Pruntrut;[5]) so erreichte er, was er wollte:

---

20 f. ed. Studer. Die Leute Reinald's, die gegen Peter kämpfen
werden genannt im Chron. Colm. a. a. O.: Galli contra eum con-
gregati. Matth. Neob. Chron. p. 23: Petrus. . . . habens litem cum
Gallicis vicinis.

1) Ottokar c. 353, Pez III, p. 312 ff., behauptet, dass Philipp
stark interessiert gewesen sei; doch erzählt er diesen Kampf erst nach
dem, welchen Otto von Burgund mit Rudolf hatte und wo allerdings
der französische Einfluss gross war: das wird ihn veranlasst haben,
es auch jetzt zu behaupten. Ueberdies schmückt er die ganze Erzählung
auf Kosten der Franzosen, die er über alles hasst, und zu Gunsten
der Deutschen sehr aus.

2) Item regem Ruodolphum legatus Francie visitavit. Als Zeitbestimmung geht Kalendris Aprilis vorher. Ann. Colm. maj. ad a. 1288,
M. G. SS. XVII, p. 215.

3) Mit Reinald stand auch Theobald v. Neufschatel gegen den
Bischof in Waffen. Trouillat II., 457 Anm. 3.

4) Zuletzt hatte er vor Wyl gelegen; vergl. Ellenh. Chron., a. a. O.
p. 128. Auch Böhmer, Regesten Rudolfs S. 140.

5) Ann. Colm. maj. ad a 1288, M. G. SS. XVII. p. 215: Item
rex Rudolphus obsedit Montem Bilgardis circa Kalendas Julii . .
Rudolphus rex Romanorum terram Gallicorum circa Brunnendrut plus
quam tribus septimanis cum centum milibus hominum devastavit. Die

die Gefangenen wurden ohne Lösegeld freigegeben. Der Bischof erhielt die Erlaubnis zur Sicherung jener Gegenden die Burg Schlossberg weiter zu bauen.

Von da zog Rudolf wieder gen Bern, um die zweite Belagerung dieser Stadt im selben Jahre zu beginnen.[1] Er sollte nicht lange fern sein können, denn was Reinald nicht gelungen, versuchte jetzt sein mächtigerer Bruder Otto von Burgund: deutlicher tritt hier der gallische Einfluss hervor.

Der Pfalzgraf hatte schon stets seine französische Gesinnung bekundet. Mit dem Grafen von Artois und anderen französischen Edlen war er Karl von Sicilien nach der sicilianischen Vesper zu Hilfe gezogen;[2] er hatte dann

---

Zeitangabe: Anfang Juli und die drei Wochen, passt vorzüglich in das Itinerar; es ist eine Lücke vom 7. Juni (ante Bernam) bis zum 23. Juli (Basilee); siehe Böhmer — Regesten No. 960 u. 961. — Lorenz, Deutsche Gesch. II, 434 ff., wirft die Frage auf, ob die Belagerung von Mömpelgard vom Jahre 1288 nicht mit dem Feldzuge von 1289 zu vereinigen sei. Dies letztere thut Clerc, Essay sur l'hist. de la Franche-Comté I, S. 480 f. — Böhmer, Regesten (Add. I) p. 388; Kopp II, 2, 398 und Trouillat setzen diese Kämpfe richtig ins J. 1288. So wie sie folge ich in der obigen Darstellung Ellenh. und den Ann. Colm., habe mit den letzteren die Kämpfe in den Anfang Juli gesetzt. Dass diese beiden Gewährsmänner durchaus Recht haben, wenn sie von dieser Intervention Rudolfs als einer im J. 1288 geschehenen erzählen, lässt sich urkundlich beweisen. Denn dass sie überhaupt ins J. 1288 fällt, zeigt der Friedenschluss zwischen Reinald und Peter, den Rudolf gerade bewirkt hat: Trouillat II, 454 Anm. 3; dass der Friede vor dem 1. September dieses Jahres geschlossen sein wird, kann man abnehmen, weil an diesem Tage Rudolf dem Bischof von Basel die Erlaubnis zum Weiterbau von Schlossberg giht (Trouillat II, 457), denn offenbar ist die erst gewährt, als der Friede hergestellt und so der Bau der in der Nähe Mömpelgards gelegenen Burg möglich war.

1) Item rex R. secundario Bernenses dicitur obsedisse. Ann. Colm. maj. a. a. O. Vgl. auch Böhmer, Regesten Rudolfs S. 140.

2) Gesta Phil. tert., Bouquet XX, p. 522.

darnach getrachtet, seine Pfalzgrafschaft durch eine Ehe
seiner Erbtochter Alice mit Roberts von Burgund ältestem
Sohn Johann mit dessen Herzogthum, einem französischen
Lehn, zu vereinigen.[1]) Was ohne Rücksicht auf das Reich
geplant war, kam, wahrscheinlich durch Alicens Tod,[2]) nicht
zu Stande, aber Ottos Streben, sich mit Frankreich zu ver-
binden, hatte einen um so offeneren Ausdruck gefunden,
als er Mathilde, die Tochter des Grafen von Artois, als
Gattin heimführte und so mit dem Capetingischen Hause
in nahe Verwandtschaft[3]) trat: von Philipp III. hatte er
die Aussteuer seiner Frau im Betrage von 10000 Pfund
erhalten und sich für deren eventuelle Rückgabe mit seiner
halben Grafschaft verpflichtet.[4]) Gleich darauf war er mit
dem König nach Spanien gezogen;[5]) zurückgekehrt erschien
er auch unter Philipp IV. am Hofe in Paris.[6]) Jetzt unter-

---

1) Die Urkunden bei Plancher, Hist. de Bourgogne II, preuves 45 ff.

2) Ich finde Alice zuletzt erwähnt 1285; Pérard, Recueil de plusieurs pièces curieuses de Bourgogne p. 561. Vgl. auch Chevalier,
Mémoires historiques sur la ville et seigneurie de Poligny I, 156.

3) Graf Robert von Artois war der Sohn Roberts, des Bruders
von Ludwig IX. u. Karl I., König von Sicilien.

4) L'art de vérifier les dates, Paris 1818, Bd. XI, S. 118 erwähnt die
hierüber ausgestellte Urkunde: car on conservait à la chambre des
comptes de Paris, avant son incendie, des lettres d'Othe, comte palatin
de Bourgogne et sire de Salins, en date du mois de Janvier 1284, par
lesquelles il confessait avoir reçu de Philippe, roi de France, la somme
de dix mille livres à lui délivrée pour la douaire de madame Mahaut,
sa femme, fille de Robert, comte d'Artois pour la restitution de laquelle,
dans le cas ou elle aurait lieu, il oblige la moitié de son comté. Die
Urkunde fällt also in den Januar 1285 Diesen und noch einen
zweiten Brief Otto's mit ähnlichem Inhalt citiert Clerc, Essay sur l'hist.
de la Franche-Comté I, 476 Anm. 4.

5) Clerc, Essay I, 477.

6) Pérard, Recueil de plusieurs pièces curieuses p. 561.

stützte man ihn hier in seinem Bestreben sich vom Reiche
zu trennen; man wusste wol, dass das auf der andern
Seite seine Abhängigkeit von Frankreich begründen musste.
Mit der alten Reichsgrafschaft Burgund sollte aber zugleich Besançon in französische Hände kommen.

Wenige Gemeinwesen des Reichs waren so sehr allen
feindlichen Einwirkungen ausgesetzt, wie diese Stadt.[1])
Sie stand unter dem Schirm des Reichs;[2]) da dieses ihn
aber der Entfernung halber nicht ausübte, vertraute sie
sich bald den Herzögen von Burgund, bald den Pfalzgrafen
an.[3]) Die Rechte des Reichs wurden bei diesen Verträgen
vorbehalten,[4]) in Wirklichkeit aber kaum berücksichtigt.[5])

Was länger geplant sein mag, trat im Jahre 1289
offener zu Tage:[6]) bis zum König drang die Nachricht von
des Pfalzgrafen Absichten.

Ottokar erzählt, Otto habe seine Grafschaft von Frankreich zu Lehen genommen.[7]) Diese Nachricht steht allein
da: es kann nur constatiert werden, dass er sich jedenfalls
weigerte, sie vom Reich zu empfangen.[8]) Auch Besançon

---

1) Ueber ihre Geschichte während des Interregnums bringt Kopp II,
2, 430 ff., das Nöthige bei.

2) Chifflet, Vesontio civitas liberalis imperialis p. 223.

3) Vgl. Kopp a. a. O.

4) Otto nimmt die Stadt 1279 in seinen Schutz: saufs la feauté
de l'empire. Chifflet, Vesontio p. 227.

5) Chifflet, Vesontio p. 231.

6) Schon am 29. Juni 1288 ist Otto in Besançon und schliesst
hier einen Vertrag mit Amadeus von Savoien contra omnes et specia-
liter contra Alamannos; vgl. Kopp II, 2, 399 Anm. 5.

7) Ottokar c. 327, Pez III, p. 291.

8) Ersichtlich aus der Urkunde Rudolfs vom 20. September 1289,
wo er die gefällten Urtheile widerruft: quia nobis homagium liginm
fecit ante omnes pro S. R. imperio, et omnia foeda, quae antecessores

hielt er in seiner Gewalt.[1]) Die Abgesandten des Königs wurden zurückgewiesen: Otto soll behauptet haben. sein Land habe er als erbliches Allod, dem römischen Könige sei er zu nichts verpflichtet.[2]) Es ergieng der Spruch des Reichs gegen den unbotmässigen Vasall;[3]) zur Ausführung desselben rüstete sich Rudolf selbst von neuem nach Bur-

sui a Romanis regibus et imperatoribus tenuerunt . . . et quae ipse comes et sui heredes a nobis nomine imperii tenere debent, a nobis recepit. Chevalier, Mémoires hist. de Poligny I, p. 373 f.

1) Fuit autem regis questio de iure advocatitio civitatis Bisuntine cum suburbiis et circumiacentibus viculis, possessionibns et inribus corundem; Joh. Vict. II, 9 (Font. I, p. 324). Dazu vgl. S. 106 Anm. 6. — Es ist zu bemerken, dass hier und im Folgenden J oh. Vict. nicht ganz Ottok. folgt, sondern z. Theil eigene Nachrichten hat (vgl. Anm. 2). — In der Stadt Besançon gieng jedenfalls der Erzbischof Odo v. Rougemont und das Capitel mit Otto. Gewis auch ein Theil der Bürger, ob alle? Clerc I, 483 Anm. 2 citiert eine Quittung Thibauds v. Rougemont (6. April 1289), dass die Kanoniker ihm 200 Pfund bezahlt haben, damit er sie vertheidige contre le roi d'Allemagne et contre les citoyens de Besançon. — Nach Clerc I, 482 Anm. 1 und der dort gegebenen urkundlichen Nachricht stehen auf Ottos Seite Thibaut Abt v. Luxeuil, und Johann Abt v. St. Paul in Besançon. Das entspricht Ellenh. p. 130: quam plures episcopi, quorum ignorantur nomina.

2) Ottokar c. 327, Pez III, 291, erzählt genau von der königl. Gesandtschaft und von der Fällung des Urtheils; aber während hier Otto sein Land von Frankreich zu Lehn nimmt, heisst es bei Joh. Vict. II, 9: rex nuntios mittit ad comitem B. repeteus ea que ad imperium pertinent . . . comes autem hec omnia iure hereditario possidere et Romanorum regibus se in nullo asseruit obligari. Die letzten Worte können wieder aus Ottokar genommen sein. (Ottokar erzählt auch nicht, dass man Besançon zurück verlaugt.)

3) Ersichtlich aus der Aufhebung des Spruchs . . . absolvimus ab omnibus proscriptionibus, sententiis seu judiciis quibuscunque contra dominum comitem vel heredes suos a nobis seu auctoritate nostra et Romani imperii promulgatis. Chevalier, Mem. hist. de Poligny 1. 373. Auch Gerbert, Cod. ep. 251. Böhmer, Regesten .N°994.

gund zu ziehen, wo fast ununterbrochen seit dem vorigen Sommer sein gleichnamiger Sohn die habsburgischen Waffen hoch gehalten hatte.

Selten hatten die Deutschen so bereit zu ihrem Oberhaupt gestanden, wie jetzt. Aus dem ganzen südwestlichen Deutschland, Schwaben, Franken, dem Elsass und den Städten folgte man dem Aufgebot des Königs.[1]) Es machte sich damals weithin eine patriotische Stimmung gegen die Franzosen geltend;[2]) doch war es wol nicht allein die Schmach, dass Bischof Peter so schimpflich geschlagen, wie Ellenhard meint, was den Zorn der Deutschen gegen alles was welsch oder französisch hiess, entflammte: überall fühlte man die Uebergriffe des Nachbars. So hatten im Anfang dieses Jahres (1289) die lothringischen Grossen Rudolfs Hilfe gegen Philipp IV. begehrt;[3] so empfanden es gerade jetzt die deutschen Stifter an der westlichen Reichsgrenze sehr schwer, dass ein Kirchenzehnte, der vier Jahre von ihnen auf päbstlichen Befehl an Frankreich gezahlt war, auf drei weitere erneuert wurde:[4]) alles das regte die Gemüther auf; Rudolf selbst bekennt, dass man gegen ihn murrte, weil er das Gebiet des Reichs nicht schütze![5]) — Es waren 100.000 Mann zu Fuss und circa 6000 zu Ross, darunter 2300 gepanzerte Reiter,[6]) die sich Mitte Juli — am Tage

1) Ottokar c. 227, Pez IV, 291.

2) So in Ellenh. Chron. a. a. O., Ottokar und Joh. v. Victring.

3) Siehe unten.

4) Siehe unten.

5) Siehe unten.

6) Ellenh. Chron. p. 130 u. Ann. Colm. maj. ad a. 1289, p. 216 geben die Zahlen an und stimmen fast ganz überein. — Von den Quellen, die hier wie kurz vorher in Betracht kommen, ist Ellenh. die beste und zuverlässigste. Daneben bieten die Ann. Colm. maj. weniges

nach St. Margareten [1]) — in der Richtung auf Besançon zu vom südlichen Elsass aus in Bewegung setzten. Diese Streitmacht war zu gross, wenn man blos den burgundischen Grafen unterjochen wollte; sie war offenbar eine Demonstration gegen Frankreich, vonwo jener durch Wort und That Aufmunterung zum Widerstand empfieng. Denn ausser den burgundischen Herren,[2]) Reinald von Mömpelgard, Amadeus von Savoien, Odo, Erzbischof von Besançon, hatten vor allen französische Edle des Pfalzgrafen Heer verstärkt, so namentlich König Philipps Verwandter, Ottos Schwiegervater, Graf Robert von Artois, dann die Grafen

---

aber gutes. Sehr vorsichtig muss man bei der Benutzung Ottokars und Joh. v. Victring verfahren: wie nothwendig thut eine präcise Feststellung, wie der letztere den Reimchronisten benutzt hat. Mahrenholtz' Arbeit (Forsch. XIII) genügt mit nichten. Matthias v. Neuenburg kommt kaum noch in Betracht: man hat ihn bisher zu viel benutzt, z. B. Kopp.

1) Diese Zeitangabe bringt nur Ellenb. Chron. p. 130: crastino Margarete. Böhmer, Regesten p. 123, und nach ihm Lorenz, Deutsche Gesch. II, 435, übersetzen das: „13. Juli." Man darf dies Datum aber nicht als fest annehmen, denn der Margaretentag schwankte im Mittelalter; eben so häufig findet sich der 13. wie der 12. Juli; vgl Pilgram, Calend. chron. med. aev. p. 234 unter Margaretha und Schefler in Haltaus, Jahrzeitbuch des deutschen Mittelalters S. 116. — Es kommt hinzu, dass in Strassburg wie in einigen andern Gegenden in Elsass und Burgund der Margaretentag auch am 15. Juli gefeiert wurde. Es ist daher berechtigt, dies Datum bei Ellenh. in den 16. Juli aufzulösen. So thut es auch schon Jaffé in seiner Ausgabe.

2) Die im Folgenden genannten werden aufgezählt bei Ellenb. p. 130, der ausserdem noch einen comes de Insula nennt (?). Dann waren einige deutsche Herren da, an der Spitze Graf Theobald v. Pfirt. Vgl. Clerc I, p. 480 f. Oben S. 107 Anm. 1. — Herm. Altah. ann., M. G. SS. XVII, 414 erzählt, dass Otto Unterstützung bekommen 'de Picardia, Francia et Flandria.'

von Champagne und Chalon.[1]) Endlich soll der König
von Frankreich selbst für den Grafen eingetreten sein:
so behauptet wenigstens Joh. von Victring[2]) und fügt hinzu,
er habe gedroht, er würde dem Pfalzgrafen zu Hilfe ziehen,
wenn Rudolf nicht bei Zeiten von dessen Boden weiche.
Rudolf habe geantwortet, dass er nicht zu Tanz und Reigen
gekommen sei; er werde ihn erwarten und mit Gottes

---

1) Unter den Bündnern Otto's ist bei Ellenh.: „Graf Johann
v. Chalon." Wir wissen, dass Johann v. Chalon, Herr von Arlay,
nicht Graf war, ferner dass er auf dem freundschaftlichsten Fusse mit
Rudolf, gerade im Gegensatz zu den andern burgundischen Grossen,
noch Sommer 1288 steht. R. begabt ihn damals mit reichen Lehen,
macht ihn zum Vasallen des Reichs (Chevalier I, 371 f). Unmittelbar
nach dem Kriege ist er ebenfalls R.'s bester Freund; dieser sagt von
ihm: quem propter multiformium virtutum merita nos delectat provenire
gloria et honore (Chevalier I, 373, 375). Er steht damals Otto schroff
(Clerc I, 488 ff.) gegenüber. Aus alledem folgt, dass er unmöglich hier als
Bündner Otto's gemeint sein kann. Will man Ellenhard's Nachricht
retten, so darf man nur annehmen — und das ist sehr wahrscheinlich —
dass Johann's gleichnamiger Bruder sich damals bei Otto befand, auf
den auch der Titel Graf passt: Johann v. Chalon, Graf v. Auxerre,
der im Gegensatz zu Johann v. Chalon-Arlay auch später anf
Otto's Seite steht (Trouillat II, 502). Johann v. Chalon-Arlay hat
es in dem Kampfe seiner Verwandten — er hatte Roberts v. Burgund
andere Schwester zur Frau — entschieden mit Rudolf gehalten; in
welcher Absicht, lassen die späteren Verleihungen Rudolfs und seine
Stellung zu Bosançon (Clerc I, 485) erkennen. Für die Behauptung
Sugenheim's aber, Deutsche Gesch. III, 83, dass er ein Prätendent
um die Pfalzgrafschaft gewesen, finde ich keine Handhabe und bestreite
sie also solange bis Sugenheim seine unlautere Quelle, Rougebief, Hist.
de la Franche-Comté p. 242, durch eine bessere ersetzt. Rougebief's
Buch ist voll der ärgsten Fabeleien: wenn man will, ein ganz guter
Roman mit hübschen Bildern; hat er einmal etwas richtiges, so ist
es Compilation aus Clerc; allerdings entlehnt er ihm auch das Falsche.

2) Joh. Vict. II, 9 (Font I, 326). Er gibt auch an, dass Philipp
sogar Otto gerathen, nur Frieden zu machen. Aehnliches findet sich
bei Ottokar a. a. O., wo aber Robert v. B. den Franzosen diesen Rath gibt.

Beistand sein Schwert gegen das der Franzosen ziehen. —
Möglich ist es, dass diese Intervention stattgefunden hat,
aber da nur eine spätere, meistentheils sehr unselbständige
Quelle davon berichtet, ist es geboten, sie nicht als gewiss
anzunehmen. Es istwol der französische Einfluss, der sich in
mannigfacher, indirecter Unterstützung zeigte, hier in über-
triebener Weise als ein directes Eingreifen geschildert.
Weiss doch auch der Chronist ganz genau die Worte, die der
habsburgische Gesandte in des Königs Namen gesprochen hat[1])
und die sich nicht anders ausnehmen wie die vielen Anek-
doten, mit denen Matthias von Neuenburg, dem Volksmunde
folgend, bei Gelegenheit dieses Kampfes die ritterliche Natur
des Königs ausstaffiert.[2]) — Hier kann nur festgestellt werden,
dass Otto jedenfalls ohne directe Hilfe von Philipp IV.
blieb.

Dennoch war er stark genug, Rudolf erfolgreichen
Widerstand zu leisten.[3])

Er hielt Besançon fest und schnitt dem König zuletzt
die Zufuhr ab, so dass dieser genöthigt wurde, auf die

---

1) Falsch versteht Mahrenholtz, Joh. v. Vietring als Historiker
(Forsch. XIII) S. 515, die Worte: rex Rudolfus respondit . . . verbis
Buczhardi presulis Metensis. R. antwortet durch B. dem Könige von
Frankreich. An eine Mittheilung B.'s an Joh. Vict. ist nicht zu den-
ken. Ebenso irrig ist es, wenn Mahrenholtz den Zug Rudolfs gegen
Mömpelgard in dies Jahr (1289) setzt.

2) Matth. Neob. Chron. c. 24.

3) Die Belagerung ausführlich bei Ellenh. chron. a. a. O., dann
bei Ottokar ,Joh. Vict., Matth. Neob. Chron; die letzteren haben viel
poetisches und sagenhaftes Beiwerk. — Ueber die geschehene Ver-
wüstung gibt ein Augenzeuge, der Cistercienser Abt Thomas, der
1290 durch Besançon kommt, interessante Nachricht in einem Briefe
an den Pabst. Den Schaden, den die Soldaten in den Weinbergen
angerichtet, schätzt er auf 30,000 Pfund Tourer Währung. Dunod,
hist. des Sequanois, tom. II (hist. du comté de Bourgogne), p. 603 f.

durch Vermittlung des Grafen Johann v. Chalon-Auxerre
und des Herzogs Robert v. Burgund gemachten Friedens-
anträge, die durch Johanns v. Chalon-Arlay Anwesenheit
in seinem eigenen Lager gefördert sein mögen, einzugehen.[1]
Der Pfalzgraf übergab Rudolf alle seine Lande, um sie
vom Reich als Lehn zurückzuempfangen; von den Urtheilen,
die gegen ihn und seine Erben ergangen, ward er los-
gesprochen.[2]

Das war ein Resultat wie es von Rudolfs grosser Streitmacht hätte günstiger erwartet werden können: war auch der
französische Uebermuth gedämpft, so war doch Otto selbst
nur für den Augenblick zur Ruhe gebracht und grade
ihn unschädlich zu machen, war durch die dringendste Noth-
wendigkeit geboten. Er wartete nicht lange, sondern unter-
handelte bald von neuem mit dem französischen Hofe; geschah

---

1) Ottokar a. a. O. und Herm. Altah., M. G. SS. XVII, p. 414
nennen Robert v. Burgund als Vermittler. Ellenh. p. 131 sagt
Graf Johann v. Chalon (Auxerre) sei es gewesen; in den Urkunden
erscheint Joh. v. Chalon-Arlay als Bürge (Chevalier I, 373.) Aus
diesem Gewirr das Wahre zu finden, ist schwer. Ich nehme an —
Ellenh. folgend — dass Graf Johann von Chalon-Auxerre die
Unterhandlungen vermittelt hat und wol zuerst mit seinem Bruder
Joh. v. Chalon-Arlay, dessen Stellung als Bürge sich so erklärt:
was war natürlicher, als dass die beiden Brüder aus den beiden Heer-
lagern sich zum Friedensgeschäft zusammenfanden. Robert ist dann
bei seiner Verwandtschaft mit Joh. v. Chalon-Arlay und Rudolf auch
wol nicht müssig geblieben. — Ottokar nennt dann noch den Bischof
von Lausanne als bei der Vermittlung thätig und erzählt darauf, es
sei durch ein Schiedsgericht von vieren alles vereinbart. Wir hätten
hier die vier Herrn, die dieses gebildet haben könnten: so würden
sich auch die verschiedenen Berichte erklären.

2) Chevalier I, p. 373 f. Auch Gerbert, Cod. ep. 251. Die Chronisten stimmen damit genau überein.

es auch jetzt vorsichtiger als früher, so war doch, was man plante, weitgreifender denn je; ganz und gar wirft sich Otto in Philipps Arme.

Auf den Befehl Rudolfs musste er Anfang Mai 1291 mit Peter von Basel einen Vertrag auf gegenseitige Hilfeleistung schliessen:[1]) glaubte man etwa ihn so fester an das Reich geknüpft zu haben? Derselbe Otto, der sich hier dem Bischof verpflichtet, trifft einen Monat später mit dem König von Frankreich ein Abkommen,[2]) wonach seine einzige Tochter Johanna einen von den zwei Söhnen Philipps heiraten soll: den ältesten, wenn die Grafschaft Artois an Mathilde ihre Mutter, fällt und Otto selbst ohne männliche Erben bleibt; denn dann bekommt sie gleich bei der Hochzeit als Mitgift die Baronie Salins mit Pertinenzien, deren Ertrag 7000 Pfund Tourer Währung betragen muss, daneben die eine Hälfte der Grafschaft Artois und der sonstigen Güter ihrer Mutter; die zweite Hälfte von Artois, den Rest des mütterlichen Besitzes und die Pfalzgrafschaft Burgund aber erst nach dem Tode ihrer Eltern. Auch macht sich Otto anheischig, alle seine Mühe aufzuwenden, um den Kaiser, resp. den römischen König zur Aufgabe des Lehnseides, den er in Betreff der Pfalzgrafschaft verlangen kann, zu bewegen;[3])

---

1) Trouillat II, 501 (3. Mai). Jeder von ihnen nimmt eine Zahl von Herren aus, gegen die er keine Hilfe leisten will. Der Vertrag ist geschlossen: interveniente iussu, autoritate et mandato serenissimi Rodulphi.

2) Chevalier I, 376 ff. (zu Evrènes, 9. Juni 1291). Wenn Boutaric, La France sous Philippe le Bel p. 7 sagt, der Vertrag sei zu Vincennes geschlossen, so ist das wol nur eine Verwechselung mit dem Vertrage des Jahres 1295 (Plancher, Hist de Bourg. II, preuves 87 ff.).

3) Nous sommes tenus a faire et a procurer a notre pooir en bonne foi, que li roi d'Allemaïgne ou li emperes ou cil a qui il

doch hindert eine Weigerung des Kaisers die Heirat mit
dem ältesten Prinzen nicht. — Den zweiten Sohn soll Johanna
ehelichen, wenn Otto männliche Erben bekommt. Als
Mitgift bleiben der Braut dann nur Salins und die mütterlichen Güter, doch muss sie ihrem Vater 3000 Pfund als
Rente und das Schloss Bracon, ihrer Mutter die Hälfte
von allem was sie von ihr erbt, zum Niessbrauch auf
Lebenszeit überlassen; nach dem Tode derselben geht auch
das in ihren Besitz über.

Dieser Pact sollte demnach im besten Falle ganz Hoch-
burgund an die französische Königsfamilie bringen und
wurde das durch die etwaige Geburt eines Thronerben
gehindert, jedenfalls den Erwerb der Baronie Salins sichern.
Man suchte eben ein Reichslehen, das doch bei seiner Erledigung nur durch den römischen König neu vergabt werden
konnte, durch einen Vertrag, in dem die Tochter als berechtigte Erbin figurierte, an das Ausland zu bringen. Sehr
erwünscht mochte es freilich sein, wenn des römischen Königs
Einwilligung zu erlangen war, aber es schien schon zu
genügen, wenn nur die Weigerung desselben die Ausführung des Vertrags nicht hindern würde. — So günstig dies
Abkommen war, doch befriedigte es Philipp IV. nicht, der
es schon vier Jahre später zum grösseren und rascheren
Vortheil Frankreichs erneuerte.[1]

Rudolf wird nichts mehr von dieser Vereinbarung,
welche wol überhaupt geheim blieb, erfahren haben; schon
einen Monat später ist er zu Speier gestorben. Sein Tod
appartiendroit, quittent a toujours l'hommage que ils ont ou doivent
avoir au comté de Bourgogne; et se il etoit doute que nous n'en eus-
sions fait notre pooir, nos en serions crus par nos serements. Chevalier a. a. O.

1) Plancher, Hist. de Bourgogne II, preuves 87 ff.

ersparte ihm die traurige Erfahrung, wie resultatlos seine
Waltung im nördlichen Burgund gewesen war. Frankreichs
Einfluss — das zeigt dieser Vertrag deutlich — war in
fortwährendem Wachsen.

Aehnlich sah es im Königreich Arelat aus.

Rudolf war noch einmal kurz vor seinem Ende im
Frühling 1291 hierher gekommen.[1]) Er fand die Grossen
noch immer in Hader, der nun schon Jahre lang andauerte[2])
und den sie bald mit eigener Kraft auszukämpfen, bald durch
französische und englische Vermittlung auszugleichen such-
ten.[3]) Da war für Philipp IV. ein fruchtbares Feld und er hat,
besonders nach dem Tode des Habsburgers, hier reiche Ernte
gehalten. — Rudolf bemühte sich, diesen Streitigkeiten
auf dieselbe Weise ein Ende zu machen, wie denen zwischen
Otto von Burgund und Peter von Basel. Er sammelte „nach
allseitiger Erwägung der Lage seiner Unterthanen" die
Factionshäupter um sich und nahm sie eidlich gegen die
Rebellen des Reichs und andere Verächter der königlichen
Gebote in Pflicht und Gehorsam. Sein Bailliv oberhalb
des Flusses Oronn sollte diese Einigung mit starker Hand
schirmen.[4])

Noch mehr als die Zwistigkeiten der Dynasten erleich-
terten die, welche Erzbischof und Capitel von Lyon mit der
Bürgerschaft ihrer Stadt hatten die französische Intervention.

---

1) Ende April oder Anfang Mai fand seine Zusammenkunft mit
Karl II. v. Sicilien in Cudrefin Statt; vgl. Kopp II, 2, 464.

2) Kopp II, 2, 445 ff.

3) Kopp II, 2, 448. Vgl. Hist. de Dauphiné II, 39 ff.

4) Hist. de Dauphiné II, 55. Als in praesentia majestatis werden
genannt die Bischöfe von Valence, Dié u. Lausanne; dann Humbert
der Delfin und Seneschall im Arelat, Beatrix v. Faucigny, Amadeus
Graf v. Genf, Aymar v. Poitiers, Humbert de Villariis.

Zuerst hatte Ludwig IX.,[1]) dann Philipp III. Gelegenheit gehabt als Schiedsrichter einzugreifen. Der letztere
hatte im Jahre 1271 die Bürger auf ihre Bitte in seinen
Schutz genommen,[2]) die sich dafür verpflichteten von jeder
Feuerstelle Zins zu zahlen, die Reichen 10 Solidi, die Aer-
meren 12 Denare.[3]) Nach ihm pflegte Gregor X. mit Eifer
das Versöhnungswerk,[4]) nur der römische König bekümmerte
sich gar nicht um die Angelegenheiten dieser grössten
Commune Burgunds; es gab keine gemeinsamen Beziehungen mehr zwischen dem Reich und Lyon. Desto mehr
zwischen Lyon und dem französischen Staatswesen:[5]) das
ganze Rhonegebiet konnte Frankreich erst durch den Besitz
dieser Stadt recht eigentlich erschlossen werden. Philipp
hatte denn auch ein aufmerksames Auge auf die Vorgänge
in und um Lyon. Sein Name ward vor allen gefürchtet;
er konnte im Jahre 1289 durch seinen Bailliv in Macon
den Einwohnern gebieten, keine Durchfuhr von Lebens-
mitteln, Waffenstücken u. dgl. aus Frankreich in das Reich
in ihrem Gebiet zu dulden. Auf dies Schreiben hatten die
Städter nicht geantwortet: da ward ihnen in diktatorischer
Weise die Sache noch einmal gemeldet und kurzweg Antwort durch den Ueberbringer verlangt.[6]) Man hat gewiss

---

1) Menestrier, Hist. civ. de la ville de Lyon. Anhang : Tractatus
de bellis et induciis inter Canon. etc. et cives Lugd. p. 3 ff.

2) Menestrier, Tractatus p. 19.

3) Montfalcon, Lugdunensis historiae Monumenta, Lugd. 1860, p. 439.

4) Menestrier, Tractatus p. 20.

5) Man kann leicht aus den Urkunden ersehen, wie, der geogra-
phischen Lage und der Sprache folgend, der Zug des Rechts, des
Handels und der Industrie allein nach Frankreich, speciell schon nach
Paris gieng.

6) Menestrier p. 33. Es ist das zweite Schreiben, das uns auf-
bewahrt ist. Der Brief hat hinter der Datumzeile: reddantur litterae

nicht gezögert, sie zu ertheilen; die Zeit, wo man den mächtigen Nachbarn dringend nöthig zu haben glaubte, kam bei der unerschöpflichen Fülle von Zwistigkeiten bald heran.

Im Jahre 1290 hat man mit dem König Unterhandlungen angeknüpft; man mochte anfragen, ob er gewillt sei, der Bürgerschaft gegen das Capitel seine Unterstützung zu gewähren. Wol nie hat Philipp eine Bitte bereitwilliger erfüllt als diese. Bevor noch die officielle Aufforderung an ihn ergangen war, gab er schon (4. September 1290) seinem Bailliv in Macon den Auftrag, sobald die Bürgerschaft wegen mangelnden Rechts ihn anrufen würde, sie vor aller Unbill, allen Neuerungen zu schirmen.[1]) Solcher nahen und sichern Hilfe gewiss, appellierten die Bürger am 11. October in feierlichem Protest gegen den Erzbischof an ihn, den König von Frankreich, und vertrauten sich ganz seiner Huld an.[2])

Damit war Philipp auch hier Herr der Situation geworden; er hatte die Mittel in der Hand, durch Schürung der inneren Zwietracht sich unentbehrlich, zum Gebieter der Stadt zu machen; und er hat das in der Folgezeit gethan.

---

portitori. Es geschah dies Verbot zu Gunsten des Herrn v. Beaujeu (domini Bellijoci) in der Nähe v. Lyon. — Menestrier p. 30 hat schon aus dem J. 1288 einen Brief, in dem Philipp — allerdings in liebenswürdigerer Weise — bittet, gewissen Leuten aus dem Reich, die seinen miles Ludwig angriffen, nicht den Durchzug zu gestatten. Ob das vielleicht der Brief ist, der jenem andern vorangegangen? Es gab allerdings zu jener Zeit einen miles Ludovicus de Bello joco; siehe Fragm. comput., Bouquet XXII, 759 ll. Hist. Patr. Monum., Chart. I, 1570 ll.

1) Dass die Bürger, bevor sie appellierten, schon mit ihm unter-handelt haben müssen, beweist diese Instruction an den Bailliv von Macon; Menestrier p. 25. Philipp nennt die Stadt Lyon 'ex suo ressorto.'

2) Menestrier p. 24 f.

Selbst in den südlichsten Theilen des Arelats, in Provence und Forcalquier, war der französische König mäch-
tig. Was war leichter, als von den Königen von Sicilien,
denen immer Hilfe gewährt werden musste, hier eine Com-
pensation zu bekommen? Schon 1285 hatte Karl I. im
Vorgefühl seines nahen Todes beide Grafschaften, vergessend
dass er sie vom Reich zu Lehen trug, unter französischen
Schutz gestellt, auf solange, bis sein Sohn aus der ara-
gonesischen Gefangenschaft befreit würde;[1] auch das ist von
Rudolf, so viel wir wissen, nicht weiter beachtet.

So hat langsamen, aber sichern Schrittes Philipp IV.
seine Macht immer weiter getragen; überall in burgundischen Landen schaute man mit Furcht auf den mächtigen
Nachbarn, welcher ganz anders im Lande zu schalten verstand
als der römische König. Gewalt und List waren seine Mittel,
erzählt Ottokar; darum muss auch Rudolfs Nachfolger dieselben Eigenschaften haben, wenn er jenem hier mit Glück
Widerstand leisten, „Arl" zurückgewinnen will: „Der hab
Gewalt, Witze und Kraft Und solche Ritterschaft, Damit
er gewaltiglich Mag fahren nach Frankreich."[2]

Neben Burgund hat Philipp IV. auf Lothringen ein
wachsames Auge gehabt: auch hier gab es Streitigkeiten
und Parteiungen genug, die Grund und Anlass boten, in
die Reichsangelegenheiten einzugreifen.

Durch seine Ehe mit Johanna von Navarra hatte Philipp
im Süden Frankreichs Navarra, im Osten ausser der Cham-

---

1) Am 6. Januar 1285; Amari, La Guerra del Vespro Siciliano,
1843, II, p. 334 (Documenti).
2) Ottokar c. 380, Pez. III, p. 349.

pagne und Brie die Grafschaft Bar seinem Hause gewonnen:[1]) welch' ein Reiz musste darin für einen König von Philipps Charakter und bei den Wünschen und Plänen, die sein Herz bewegten, liegen, mit dieser Grafschaft auch die zweite, die denselben Namen führte, aber zum guten Theil vom Reiche zu Lehen gieng, seinem Besitzstande oder doch dem französischen Königreich einzuverleiben. Er hat begierigen Blicks nach einer Gelegenheit ausgespähet und bald eine passende gefunden: die hat er sich ganz und gar zu Nutze gemacht und nicht eher geruht, als bis seine Suzeränetät wenigstens für den am linken Ufer der Maas gelegenen Theil derselben anerkannt war.[2])

Die Grafen von Bar übten im Namen der Bischöfe von Verdun die Vogtei über die Abtei Beaulieu aus; sie hatten dies Recht seit langer Zeit gehabt[3]) und es ward ihnen leicht es festzuhalten, weil Beaulieu mitten in ihrem Gebiete lag. Da brach — wol im J. 1286 — ein Zwist zwischen dem Grafen Theobald und dem damaligen Abte aus, der damit endete, dass dieser Philipps IV. Hilfe erbat. Mit Freuden schickte der französische Monarch seine Truppen und Beamte, welche die Abtei und die zu ihr gehörenden, auf dem Gebiet von Bar liegenden Ortschaften, unter diesen Montfaucon, besetzten; wie in Viviers und Lyon ward auch hier, was man occupiert hatte, der französischen Jurisdiction unterworfen.[4]) Die wiederholten Reclamationen des Grafen blieben

---

1) Vgl. Boutaric, La France sous Philippe le Bel p. 9.
2) Boutaric p. 398.
3) Calmet, Hist. ecceclesiastique et civile de Lorraine (Nancy 1728) II, preuves p. 366: Urkunde von circa 1173. — Ich citiere diese erste Ausgabe, weil in der zweiten die unten angeführten Aktenstücke fehlen. Die Darstellung findet sich daselbst (Nancy 1748) in III, 135 ff.
4) Dieser ganze Sachverhalt erhellt aus den unten (S. 122 Anm. 1) näher citierten Urkunden.

ohne Wirkung. Philipp erklärte, die Abtei liege in seinem Königthum;[1]) auch könne er den Protesten Theobalds nur dann sein Ohr leihen, wenn dieser am Hofe in Paris erscheine und dort sein Recht nehme.[2]) Dessen weigerte sich Theobald consequent, weil die Abtei überhaupt nicht zu Frankreich gehöre und über ihre Angelegenheiten deshalb auch nicht von französischen Richtern geurtheilt werden könne.[3]) Er war sich wol bewusst, dass sein Erscheinen vor dem Parlament schon die Anerkennung der Competenz desselben involvieren würde.

Er suchte sich dann auf gerade entgegengesetztem Wege zu seinem Rechte zu verhelfen, indem er an das

1) ... que laditte abbaye est en son royaume. Vgl. die Urkunden in Anm. 1 S. 122.

2) ... qui rex dietum comitem nolebat resasire, nec a dicta ecclesia et ejus membris manum suam removere, nisi idem comes coram dicto rege et in curia sua super praemissis staret juri. So sagt Theobald vor dem Primicerius v. Verdun über diese Angelegenheit aus in der Urk. v. S. 121 Anm. 1. Dass Theobald die Wahrheit berichtet, zeigt der Beschluss, den das Parlament auf die Klagen desselben und die Beschwerden seiner Gegner fasste. Herbstparlament (Allerheiligen) 1288, l. es Olims (Docum. inéd.) II, p. 281: responsum fuit dicto comiti, esse intencionis domini regis et sue curie, quod de rebus quas dictus comes habet in regno Francie, sive sint in Campania, sive in aliis partibus regni Francie, coram domino Rege et in sua curia debeat respondere; et si velit se fundare et se facere partem, fiet ei jus; alter non audietur. Es wird die Fiction aufrecht erhalten, als ob es sich um französischen Grund und Boden handelte; freilich wird hinzugefügt: non intendentes per hoc, quantum ad ea que habet in imperio, mutare aliquid quod hactenus fuerit observatum.

3) Schon im Parlament von 1287 hatte Theobald gesagt, wozu er sich allein verpflichtet fühle: comes Barri in pleno pallamento recognovit et dixit, quod de omnibus hiis que habet infra .fines comitatus Campanie et que tenet a comite Campanie, paratus erat et tenetur in hac curia stare juri. Les Olims II, p. 265.

Bisthum Verdun appellierte, von dem er Beaulieu zu Lehen
trug: da der Bischofstuhl augenblicklich vacant, führte er
vor dem Primicerius und dem Capitel in Gegenwart einer
Reihe von Zeugen über den König von Frankreich Beschwerde
und verlangte von ihm Remedur alles dessen, worin er geschä-
digt war[1].) — Was Theobald hierdurch hatte erreichen
wollen, geschah; der Primicerius wandte sich, da die Kirche
auf deutschem Boden lag, an Rudolf und benachrichtigte
ihn von den Gewaltschritten, mit denen Philipp Beaulieu
seinen Grenzen und seiner Gerichtsbarkeit einzuverleiben
suche.[2]) Der römische König schickte seinerseits (29. April
1288) den Lütticher Kanoniker Anselm und die Ritter
Hartmann von Ratzenhusen und Eberhard von Lantsperg
ab, die Sache genauer zu prüfen. Schon am Freitag vor
Pfingsten vernehmen dieselben an Ort und Stelle die Zeugen, nach deren Aussage festgestellt wurde, dass die Stadt
Montfauçon und Stadt und Abtei Beaulieu zum Reich
gehörten.[3])

Wir verfolgen mit Interesse das Verfahren, durch welches man damals solch' ein Ergebnis zu gewinnen suchte.

In Betreff Montfauçons fragte man zuerst nach den
Auflagen und fand, dass die, welche in Deutschland befohlen

1) Urkunde vom 3. März 1288. Calmet II, preuves p. 525.

2) Rudolf nimmt auf das Gesuch des Primicerius Bezug in dem
Beglaubigungsschreiben für seine Gesandten; dies letztere neu abgedruckt bei Kopp, Gesch. der eidgen. Bünde III, 1, 275.

3) Wir sind über dies Zeugenverhör und die folgende Fest-tellung
der Grenze nur durch das Referat unterrichtet, das Calmet II, p. 330
bringt. Er bemerkt am Ende desselben: C'est ce que porte l'infor-
mation, qui est écrite sur neuf feuilles de parchemin en forme de
rôles, scellées de trois sceaux und verweist auf die Bibl. Seguier.
Schon Kopp III, 1, 155 Anm. 3 spricht den Wunsch aus, dass man
die Rollen aufsuchen und abdrucken möge.

waren, stets — welche von Frankreich ausgiengen, niemals
hier entrichtet waren; ferner liess sich constatieren, dass
ein Interdikt, mit dem Frankreich belegt gewesen, auf den
Gottesdienst in Montfauçon keinen Einfluss gehabt hatte. —
Unzweifelhaft war es, dass bei Beaulieu schon seit alter
Zeit der Bach Vienne die Grenze gegen Frankreich bildete:
stets pflegte man über die Streitigkeiten zwischen Leuten
von hüben und drüben auf der Brücke, die von dem einen
zum andern Ufer führte, das Urtheil zu finden. — Dass
die Abtei und der nach ihr benannte Ort in geistlichen und
weltlichen Dingen zur Diöcese Verdun gehörten, stand
daher fest, weil die Bischöfe die Kirche daselbst geöffnet
und geschlossen hatten, wie sie wollten. Dann hatten sie
eine Besatzung in die Stadt gelegt und sie gegen die Champagne vertheidigt; von hier aus waren sie auch gegen
ihre dortigen Feinde ins Feld gezogen.

Alles dies, von Einwohnern jener Gegend ausgesagt, be-
wies zur Genüge, dass das betreffende Gebiet zum Reiche gehörte: es that nur noch Noth, Rudolfs Kenntnis von der frevlen
Art und Weise, mit welcher Philipp sich fremde Rechte ange-
masst hatte, zu vervollständigen. Dazu liess Theobald sich die
Vorgänge auf einem Tage zu St. Mihiel von zwölf angesehenen
Herren urkundlich bezeugen:[1] man verfehlte nicht seine guten
Absichten gegen das Reich, dem er alles was er schulde
auch geben wolle, zu betonen.

Ihrer Sache so ganz sicher konnten die königlichen
Boten im Sommer 1289 ihren Heimweg zu Rudolf antre-
ten, den sie in Strassburg trafen, wo er am 12. October
das Resultat ihrer Untersuchung, um es der Vergessenheit

---

1) In zwei Urkunden vom 1. März 1289; Calmet II, preuves p.
525 ff.

für alle Zukunft zu entreissen, urkundlich feststellte.[1]) Aber
das war auch das einzige, was er that; da er damals gerade
von seinem Feldzuge gegen den Pfalzgrafen Otto und seine
französischen Bündner zurückkam, hätte man denken sollen,
er würde die Vortheile, die er dort errungen hatte, auch
hier benutzt haben: sein Sieg muss in der That nicht sehr
bedeutend gewesen sein, wenn er so ohne Gewinn für das
deutsche Ansehen in dieser Burgund immerhin nahe gelegenen
Gegend blieb.

Da Rudolf keine weiteren Versuche machte, gab
Philipp, was er occupiert hatte, nicht heraus. Zwar hatte
er — wol als die Nachricht von der deutschen Untersuchungs-
commission zu ihm gekommen war — auch seinerseits die Absicht verlauten lassen, Leute zu entsenden, mit der Vollmacht
alles zu prüfen:[2]) er mag das gethan haben, aber bei dem
Verhalten des deutschen Königs werden seine Beauftragte
schwerlich mehr gefunden haben, als dass alles in Ordnung sei.

Erst Adolf war es vorbehalten, hier von neuem für
die Reichsinteressen einzutreten, Theobald aber blieb im
beharrlichen Gegensatz zu Philipp und benutzte bald die
Gelegenheit, sich dessen Gegnern anzuschliessen.

Zur selben Zeit wie dem Grafen von Bar war Philipp
auch dem Herzog Friedrich III. von Lothringen feind geworden: er kam selbst in die Champagne, um ihn seinen Zorn

---

1) Gedruckt bei Kopp III, 1, 275 f.

2) In dem Parlamentsurtheil heisst es: . . . et dominus Rex mittet
viros ydoneos ad partes illas, qui habebunt potestatem fieri faciendi
recredencias, ubi viderint eas faciendas et super factis hinc indo
proponendis, inquirent veritatem et referent pallamentum. Les
Olims II, p. 281.

fühlen zu lassen. Ob auch hier ähnliche Absichten wie bei
Theobald seinem Handeln zu Grunde lagen, ist schwer zu
sagen, zumal wir nur aus zweiter Hand hierüber Kunde
haben;[1] auch hat der Herzog durch Vermittelung seiner
Freunde bald Frieden erhalten.

Deutlicher tritt dagegen Philipps Verlangen nach Ausdehnung seiner Macht in dem Verhältnis zu Tage, welches er
Toul gegenüber zu gewinnen wusste. Im Jahre 1289 hat
einer seiner Beamten in der Champagne, Wilhelm de Hangest,
Bailliv von Chaumont, alle die Besitzungen des Kapitels des
heiligen Stephan in Toul, die auf dem linken Maasufer
gelegen waren, auf drei Jahre in seinen Schutz genommen.
Jedes Feuer sollte einen jährlichen Zins von 12 Denare
zahlen. Dieser Vertrag ward durch seinen Nachfolger
Guiard de la Porte auf die gleiche Zeit erneuert; endlich
versprach Philipp selbst im Jahre 1291 der Kirche von
Toul seinen Schutz, so lange er lebe.[2] Dass der König das
alles dem Bisthum sehr gerne gewährte, beweist die rasche
Aufeinanderfolge der einzelnen Verträge. Die Mächtigen
lagen hier ähnlich wie in Burgund in steter Fehde mit
einander: was konnte Philipp IV. erwünschter sein, als die
immerwährende Berechtigung, sich in ihre Händel zu

---

1) Auch hier ist bis jetzt die einzige Quelle Calmet II, p. 331,
der die Sache berichtet nach dem Plaidoyé au parlement de Paris en
1391. Meines Wissens ist dasselbe nirgends publiciert.

2) Hier ist für uns die einzige Quelle Boutaric, La France sons
Philippe le Bel p. 68 nach Urkunden im Trésor des chartes; er ist
leider sehr kurz und es bleibt unklar, wann Gniard de la Porte den
Vertrag Wilhelms de Hangest auf 3 Jahre erneuert hat: vermuthlich
ist es vor Philipps Schutzversprechen v. J. 1291 geschehen. —
Dass W. de Hangest Bailliv v. Chaumont war, ersehe ich aus Verhandlungen im Parlament, Les Olims (1290) II, 309.

mischen! Fragt man aber, warum jene Kirche gerade des Ausländers Beistand nachsuchte, so erklärt sich das aus dem Mangel jeglichen Schutzes von Seiten des römischen Königs; hatte doch dieser im Jahre 1281 selbst dem französischen Monarchen Toul empfohlen, da es für ihn zu weit entfernt lag.

So schlecht wie an der Rhone und Maas stand es auch an der Schelde um des Reiches Ansehen. Vor allem lag Friede und Ordnung darnieder: es hat hier in den Jahren des Interregnums nicht kampferfüllter ausgesehen als zu König Rudolfs Tagen. Dagegen gehalten erfreuten sich die burgundischen Lande einer ganz anderen Fürsorge des Habsburgers; es sollte ja die Krone von Arles an sein Haus kommen: ein Preis der viele Mühen aufwog. Aber in Niederlothringen gab es keine alten Rechtstitel für eine separate Herrschaft: das war Grund genug für Rudolf niemals seinen Fuss hierher zu setzen.

Die Thatsachen lassen die arge Zerfahrenheit hinlänglich erkennen; daneben legen auch die Zeitgenossen wiederholentlich Zeugnis davon ab.

Der Markgraf Otto von Brandenburg spricht es in seinem Willebrief[1]) zur Belehnung Johanns von Avesnes mit Reichsflandern offen aus, dass ein dem König treuer Lehnsmann gerade an diesen Grenzen des Reichs von besonderem Nutzen sein könne. Graf Johann von Avesnes aber schreibt im Jahre 1277, recht eigentlich mitten aus den Wirren

---

1) Cum . . . ejus fidelis devotio et devota fidelitas possint domino nostro predicto et imperio circa metas ipsius imperii esse quamplurimum fructuosae. Urk. vom 15. Juli 1281, Fehrbellin; Martène et Durand, Thes. nov. anecdot. I, 1161.

heraus, dem König:[1] „Da in Folge Eurer langen Abwesenheit einige Magnaten das Joch Eurer Herrschaft von ihrer Schulter geschüttelt haben, möchte es sehr förderlich sein, wenn Ihr — wo irgend möglich — für die Wiedergewinnung dieser Abtrünnigen Sorge trüget."[2] Er weist dann darauf hin, dass die Grossen sich mit französischer Hilfe der Reichsgewalt entziehen, denn „mit heimlichem Frohlocken" schaut das „prahlende Gallien, die freche Beleidigerin anderer Nationen," diesem immer weiter um sich greifenden Zerfall zu und nutzt ihn für sich, aber „zur Schande Eurer königlichen Majestät" aus.[3]

Doch am Ende war es noch zu verschmerzen, wenn der römische König nicht selbst jene Gegenden betrat, wenn er nur auf irgend eine andere Weise Ruhe und Ordnung im Lande geschafft, für die energische Ausführung seiner Befehle gesorgt hätte. Gerade das Letztere geschah niemals. Unendlich ward sein Ansehen dadurch geschwächt, dass er rücksichtslos über Land und Leute verfügte, dem einen Fürsten seine Lehen absprach und sie dem andern gab, aber nachher weder die Kraft noch den Willen zeigte, irgendwie für die Verwirklichung seiner Machtsprüche einzutreten. Das traurigste Beispiel dieser Art bietet der Zwist

---

1) Ueber diesen bisher anonymen Brief siehe Beilage D, 1.

2) Sum. cur. reg. (Archiv für Kunde östr. Geschichtsquellen, Bd. 14, 1855) S. 362: Et quia nonnulli magnates inferioris Germanie propter diuturnitatem vestre absencie jam a jugo vestri dominii humeros suos excuciunt, valde, si esset possibile, videretur expediens, quod redintegrandis ipsius terre scissuris intendere curaretis.

3) Sum. cur. reg. a. a. O.: Sevns angor me angit intrinsecus, eo quod Gallia garriens, aliarum insultatrix improba nacionum, in vestre majestatis infamiam quadam sub sanacione tam impudenter invehitur etc.

zwischen den blutsverwandten Familien der Dampierres, an
deren Spitze jetzt Guido von Flandern stand, und der Avesnes, die unter Johanns von Hennegau Führung den Wider-
part hielten. Unversöhnlicher Hass, welchen Margareta, die
gemeinsame Stammmutter, gross gezogen hatte, trieb immer
wieder den einen die Rechte des andern zu ignorieren, zu
bestreiten, sich anzueignen.[1] — Es ist nicht unsere Aufgabe, diesen Zwist, dem Rudolf durch Begünstigung des
Avesnes immer neuen Stoff unterbreitete, eingehender zu
verfolgen: er interessiert uns hier nur, weil er den französischen Königen unaufhörlich Gelegenheit bot, als Vermittler der Streitenden in die Reichsangelegenheiten einzugreifen.[2] Der Name des allmächtigen und überall anwesenden Nachbars ward so gefürchteter, als der des eigenen Königs;
das drückt der Graf von Hennegau treffend in dem obener-
wähnten Schreiben aus: „man hält dafür, dass Euer Schwert
stumpf ist in den Niederen Landen, da der Graf von Flandern ehrfurchtslos sich weigert Euren Geboten zu gehorchen."[3]

1) Ueber die ersten Partien dieses Kampfes bietet das Neueste
Sattler, flandrisch-holländische Verwickelungen unter Wilhelm v. Holland, Göttingen 1872. Die späteren Zeiten behandelt Warnkönig,
flandrische Staats- und Rechtsgeschichte I, 181 ff. und Kopp, Gesch.
der eidgen. Bünde I, 816 ff.: beide Arbeiten lassen sich jetzt, nachdem so viel mehr Material zu Tage gefördert ist, bedeutend vervollständigen.

2) Schon Philipp III.: Warnkönig I, 193 Anm. 1. Die Versuche
Rudolfs, den Streit zu Ende zu bringen, wie er bald diesen, bald
jenen damit beauftragt, endlich an den h. Stuhl appellirt bei Martene I,
in den Cart. de Namur etc. und bei St. Genois, Inventaire des chartes
de comtes de Flandre vom J. 1278 an.

3) Sum. cur. reg. S. 362: . . . gladium in inferioribus partibus
asserens hebetatum, pro eo quod Comes Flandrie mandatis vestris
irreverenter obtemperare recusans etc.

Und ebenso wie hier geschah es auch bei den Kämpfen anderer Grossen,[1]) besonders in dem Kriege des Herzogs Johann von Brabant mit dem Grafen von Geldern um die Nachfolge in Limburg. Alle Lande von der Nordsee bis zum Rhein waren in zwei feindliche Heerlager gespalten; man vernichtete sich in blutiger Schlacht: Rudolf kümmerte das wenig, aber französische Krieger kämpften bei Woringen mit Deutschen gegen Deutsche und Philipp IV. hatte die Genugthuung die Parteien, als sie des äussersten Haders müde waren, wiederum vor seinem Tribunal zu zu sehen;[2]) sie giengen wol, wie einst die Lütticher, zu ihm in „Hoffnung auf zukünftigen Frieden.“[3]) Den erlangte man freilich von Rudolf nicht. Denn als die letzteren um das Jahr 1277 bei ihm geklagt und seinen Schutz erfleht hatten, wusste er nichts anderes zu thun, als den h. Stuhl in demüthiger Weise um Beistand anzugehen: er wünscht, dass dieser ihm gewährt würde, „denn es gilt ja jetzt Gottes und des heiligen Reiches Ehre.“[4])

Philipp IV. hat jahrelang in diese Kämpfe eingegriffen, ohne eines bedeutenden positiven Gewinnes für sich habhaft zu werden; erst in Rudolfs letzten Tagen bot sich

---

1) Vgl. z. B. Cart. de Namur (Monuments par Reiffenberg) I, 14; Willems, Cod. dipl. (hinter der Chron. de Jean van Heelu) p. 555 ff. Martene I, 1233.

2) Willems, Cod. dipl. p. 502, 504, 507.

3) Es heisst in dem oft erwähnten Brief des Hennegauers S. c. r. p. 362: . . . ad tribunal Regis Francie sub spe pacis future coëgit accedere.

4) Sum. cur. reg. S. 361; vgl. Beilage D, 1 — . . . affectuosissime supplicamus, quatenus ob honorem dei et sacri imperii, cujus causa nunc agitur, contra malefactores hujus modi remedio tempestivo dignemini gladium congrue correpcionis exercere prout expedire noveritis, et predicti episcopi racionabiliter nobis porrecta peticio continebit.

noch ein sehr erwünschter Anlass ein Stück vom Reiche loszureissen.

Johann von Avesnes hatte sich geweigert, Philipp den Lehnseid für die Landschaft Osterband zu schwören. Philipp zwang den Grafen daher im September 1290 Folge zu leisten.[1]) Das benutzten die Bürger der in unmittelbarer Nähe Osterbands liegenden Stadt Valenciennes — ob schon damals der Zustimmung Philipps IV. sicher?[2]) — ihrem alten Herrn, dem Grafen von Avesnes, die Thore zu schliessen und mit Gewalt von ihm die Zusicherung von Freiheiten zu ertrotzen,[3]) die er ihnen schon früher gelobt, aber nicht gehalten hatte.[4]) Er musste sich verpflichten, Schöffen und Geschworene aus der Zahl der Bürger zu nehmen und bei Streitigkeiten über Gesetze und Gewohnheiten dem Eid der letzteren zu glauben.[5])

Doch Johann hatte nur äusserlich nachgegeben: in seinem Herzen brannte heisser Groll gegen die Rebellen. Er appellierte an König Rudolf, der denn auch am 20. Juni in Hagenau über die Stadt zu Gericht sass, da sie in offenem Aufstande, ohne vor dem Reich Klage geführt zu haben, und auf den Arm eines Mächtigen gestützt, von ihrem Herrn die Gewährung von Rechten erzwungen hätte,

---

1) Martene I, 1234.

2) Zu dieser Vermuthung leitet der Umstand, dass beides ganz zur selben Zeit geschah; dann wird im spätteren Urtheil Rudolfs (Martene I, 1241) als besonders strafwürdig angeführt: in augmentum sui facinoris potentioris brachium quaerentes.

3) Dass es mit Gewalt geschah, geht aus Rudolfs Urtheil hervor und sie geben es selbst dem Pabste gegenüber zu; Martene I, 1253.

4) Wenigstens behaupten die Bürger das dem Pabste gegenüber; Martene I, 1253.

5) Martene I, 1235.

die ihr mit nichten zukämen.[1]) Er macht daher den Brief,
den der Graf gegeben, ungültig, entbindet ihn seiner Versprechungen und erklärt die Schöffen und ganze Gemeinde
von Valenciennes, „damit sie es in Ewigkeit beklage,"
ihrer Gewohnheiten, Innungen, Vereine und des Glocken-
klanges, bei dessen Ton sie sich zur Berathung versammelten, verlustig; nur die kaiserlichen Privilegien sollen
Bestand haben: „Denn alles Mitleid muss man ihnen
und ihren Helfern gegenüber unterdrücken; in fortwähren-
der Armuth mögen sie schmachten; Tod soll ihnen Trost,
Leben aber Strafe sein."[2])

Dieser Spruch des Königs war jenen Friedenstörern
gegenüber nur gerecht, doch er war hart für Bürger, welche
durch die Erfahrungen ihrer Nachbarn wussten, dass sie
allein durch ihre eigne Kraft sich den Unterdrückungen
der Grossen entziehen konnten: oder hatte Rudolf auch nur
ein einziges Mal seit bald zwanzig Jahren auf die Klagen
aus diesen Landen mit thätiger Hilfe geantwortet? Aber
der Spruch war auch eminent unpolitisch, da Valenciennes
in unmittelbarer Nähe Frankreichs lag und Rudolf weder
bereit noch willig war, den Beistand, der den verzweifeln-
den Städtern von da werden konnte, zurückzuweisen. So
geschah es denn, dass die Bürger erst einen Dampierre,
den Grafen Wilhelm, Guidos von Flandern Sohn, herbei-

---

1) Martene I, 1241.

2) Nos enim attendentes praepositum, juratos . . . ac eorum fau-
tores et complices, qui tam detestabile facinus contra dominum suum
proprium exercere et usurpare nullatenus formidarunt, esse dignos
flagitio necnon ab omni misericordia secludendos, ut eis perpetua
egestate sordentibus mors sit illis solatium et vita supplicium repu-
tetur. Martene a. a. O.

riefen[1]), dann auch zu König Philipp Boten schickten, die
ein Memoire trugen, in dem seine Unterstützung gefordert wurde, da Valenciennes eine alte französische Stadt
sei.[2]) Zum Beweise führten sie Diplome mit, in denen
Merovingerkönige von ihrem Gut in und um Valenciennes
verschenkten; auch eins in dem Lothar als König der
Franken sprach und das in seiner Pfalz zu Valenciennes ausgestellt war.[3]) Wunderlicher Beweis für die Zu-

---

1) Chron. Guill. de Nang. ad a. 1291, Bouquet XX, p. 574:
Gens castri quod Valentianas dicitur in pago Flandriae et Hannoniae
siti contra Johannem, comitem Hannoniensem dominum suum, qui
eos nimis indebite satagebat opprimere, rebellavit et diu contra dictum comitem se tenentes, gentes ejus de villa sua turpiter ejecerunt,
filium Flandrensis comitis Guillermum in suum defensorem et dominum
advocantes. Hieraus schöpft die Chron. de Saint-Denis, Bouquet XX,
658 und Cont. Chron. Gir. de Frach., Bouq. XXI, 10. — Man könnte
die Frage aufwerfen, ob der Flanderer nicht schon bei jenem ersten
Aufstande herbeigerufen sei; doch wird das schwerlich der Fall gewesen
sein, da man damals noch nicht ganz von Hennegau abfallen, blos jene
Freiheiten sich sichern wollte. Als später die Flandrer einmal in
der Stadt sind, bleiben sie auch darinnen; das sieht man aus dem
Waffenstillstand zwischen Flandern und Hennegau im Jahre 1292,
October 12; Willems, cod. dipl. 563.

. 2) Boutaric, La France sous Philippe le Bel p. 386 Anm. 1
druckt den Anfang des Memoires aus dem Tresor des chartes ab; er
erzählt auch, dass dem König Philipp Uebersetzungen der in dem
Memoire erwähnten Merovinger Diplome mitgeschickt wurden, was
allerdings wol Noth that, wenn Philipp sie überhaupt lesen wollte!

3) Diese Pfalz zu Valenciennes ist, soviel ich weiss, zuerst erwähnt im
J. 693 unter Chlodovens III. in einem Diplom ausgestellt „Valencianis
in palacio." Vgl. M. G. DD. I, 58. Dann im J. 698 unter Childe-
bert III in 2 Urkunden, M. G. DD. I, 195. Vgl. auch das Diplom bei
Brequigny, Table chron. des dipl. I, 84 und Diplome Lothars Brequigny I, 237 und 254. — Dass Valenciennes unzweifelhaft zum
Reich gehörte, ist bekannt; die geographischen Grenzverhältnisse
dieser Gegend sehr gut dargelegt bei Duvivier, Recherches sur le
Hainaut ancien; für Valenciennes speziell vgl. I, 47, 65, 115.

gehörigkeit zu Frankreich! Doch was bedurfte es überhaupt des Beweises? Philipp IV. würde ihren Bitten auch entsprochen haben, wenn die alten Urkunden nicht mitgebracht wären.

Ebenso wandten sich die Bürger an Pabst Nikolaus IV.: eine etwas incorrekte Darstellung des Zwistes genügte, ihn zu veranlassen, dem Bischof von Artois die Anweisung zu geben, für die bedrängten Städter einzutreten.[1]

Rudolf hat nichts mehr von Philipps oder Nikolaus' Parteinahme vernommen; er war wol schon heimgegangen, ehe die Bürger vom letzten und strengsten Urtheile, welches er je gesprochen, Kunde hatten.[2]

Als Adolf den Thron bestieg, war der Streit um Valenciennes zwischen dem Hennegauer und Philipp IV. noch keineswegs ausgetragen: des französischen Königs Bruder stand mit einem Heer bei St. Quentin bereit zum Schlagen, denn Johann war nicht gesonnen, leichten Kaufs die Stadt fahren zu lassen.[3]

Eine Darstellung der späteren deutsch-französischen Verhältnisse wird auf die weitere Entwicklung dieses Streites zurückzukommen haben; sie wird daneben auch den Umschwung schildern müssen, der in diesen Ländern allmählich eintrat: wie Guido von Flandern auf die Seite Deutschlands getrieben ward, Johann von Hennegau aber aus Hass gegen ihn ein Parteigänger Frankreichs wurde: das hängt mit dem Gange zusammen, den die europäische Politik überhaupt am Ende des 13. Jahrhunderts nahm.

---

1) Martene I, 1253 (28. Dec. 1291).
2) Er sitzt in Hagenau zu Gericht den 20. Juni; er stirbt den 15. Juli.
3) Chron. Guill. de Nang. ad a. 1292, Bouquet XX, p. 574.

Alle diese Uebergriffe Frankreichs auf deutsches Gebiet, die wir bisher betrachtet, haben sich in späteren
Jahrhunderten mit wenigen Unterbrechungen immer von
neuem wiederholt. Nur eine Erscheinung zeichnet — wenigstens in solchem Umfange, wie sie jetzt vorkommt —
speciell Rudolfs Regierung aus: wir meinen das Factum,
dass die Zehnten aus deutschen Bisthümern dem französischen Könige zur Heerfahrt gegen Aragon verliehen würden.

Es ist bezeichnend, dass diese Idee, aus fremdem
Lande zu solchem Zwecke Geld einzucassieren, nirgends
anders entstanden ist, als am Pariser Hofe.[1]

Philipp III. hatte gleich Anfangs, als er sich bereit
erklärte, zur Unterstützung Karls I. den Kampf gegen Aragon
zu beginnen, einen Zehnten von der Curie begehrt; diese
hatte sich dem widersetzt, denn es sei kein genügender Grund,
ihm einen Zehnten zu geben, weil er dem Könige von Sicilien
beistehen wolle.[2] Uebrigens, fügte sie hinzu, sei man im
Princip mit der Gewährung eines solchen zu dem genannten
Zweck ganz einverstanden, nur müsse es geschehen, ohne
dass man sich vor der Welt bloss stelle. Das sei auf folgende
Weise möglich. Man wolle dem Aragonier ein Ultimatum
stellen und wenn er nicht darauf eingienge, das geistliche
Schwert gegen ihn ergreifen: den Frevler seiner Herrschaft
entsetzen, einen französischen Prinzen auf den Thron heben:
dann auch gerne einen Zehnten gegen ihn erlauben; es

---

1) Die ganze Geschichte des vierjährigen Zehnten vom J. 1284
erhellt aus einem Briefe Martins IV. vom Jahre 1284, Orvieto,
9. Januar, bei Amari, La Guerra del Vespro Siciliano II, 320 ff. Der
Pabst gewährt hier den Zehnten und recapituliert aufs Genaueste die
Unterhandlungen, die vorher gegangen sind.

2) . . . adintorium eidem tuo prestandum patruo non erat causa
sufficiens ad petitam decimam concedendam. Amari p. 321.

sei das ein Weg für beide Theile besser, ehrenvoller, vor-
theilhafter.[1])

In Frankreich folgte man natürlich dem Wunsch des
Pabstes und that wie verabredet: man erneuerte sein Gesuch, als Peter den Befehl der Curie unbeachtet gelassen
hatte, nur verlangte man jetzt „nicht nur den Zehnten aus
Frankreich, auch aus andern Reichen und Ländern der
Christenheit."[2]) Welch' unklares Begehren! seufzte die in
diplomatischen Geschäften soviel mehr geschulte Curie und
forderte grössere Präcision der Bitte, genauere Umgrenzung des Gewollten.[3]) Man formulierte daher seinen An-
trag enger dahin, dass man einen wenigstens vierjährigen
Zehnten ausser in Frankreich auch überall da wünsche,
wo er sonst dem König von Sicilien gewährt sei: in den
Diöcesen von Cambray, Lüttich, Metz, Toul, Verdun, in
den Provinzen von Besançon, Lyon, Vienne, Aix.[4]) —

1) . . . tunc petitio et concessio decime posset magis racionabiliter et colorate procedere . . . Et quia hec via nobis et eis videbatur utilior; nec minus honoris et longe plus comodi allatura etc.
Amari p. 321.

2) Supplicandum est domino pape, quod velit concedere decimam, non tantum in regno Francie sed in aliis regnis et terris chri-
stianorum. Ausserdem hatten die Gesandten noch 11 andere Bitten,
die Martin Punkt für Punkt recapiculiert und beantwortet. Amari
323 ff.

3) Premissa supplicatio sive petitio fuit oblata, ut premittitur.
Sed quia omnino videbatur absurda, fuit ut immediate sequitur artata
sive restricta. Amari p. 324.

4) Supplicant nuntii . . . regis Francie, quod concedatur, in
subsidium negotii regni Aragonie, ad minus decima quatuor annorum in regno Francie; et extra regnum in locis illis in quibus alias
concessa fuit . . . regi Sicilie: videlicet in Cameracensi, Leodicensi,
Metensi, Tullensi, Viridunensi civitatibus et diocesis, et in Bisuntina,
Lugdunensi, Viennensi, Aquensi civitatibus et provinciis Amari p. 324

Hoffte man etwa die Gewährung der Bitte leichter zu erlangen, wenn man fingierte, dass der König von Sicilien
hier den Zehnten schon gehabt? oder glaubte man wirklich,
und also irrthümlich, an das was man sagte? Denn die
Curie antwortete, obgleich der König von Sicilien den
Zehnten keineswegs an allen den Orten gehabt habe, so
wolle man ihn doch zugestehen; ausgenommen solle nur
Cambray, Arles und Aix sein:[1]) Cambray, weil jener
Zehnte für das heilige Land, der in Lyon befohlen war,
dort noch zur Stunde eingetrieben würde; — Arles und
Aix[2]) wegen der bedrängten Lage des Königs von Sicilien,
zu dessen Gebiet sie gehörten. Dafür dürfe man ihn in Ta-
rentaise einziehen und in dem Theil von Embren, der
ausserhalb der Grafschaften Provence und Forcalquier läge.

Diesen Zugeständnissen entsprechend ward der Car-
dinallegat Johann vom Titel der h. Cäcilia angewiesen.
die Eintreibung des Zehnten in allen den genannten Gegenden zu überwachen.[3])

---

1) Licet .•. . regi Sicilie decima concessa non fuerit in omnibus
locis, que continet predicta petitio, tamen . . . concedetur, excepta
diocesi Cameracensi et provinciis Arelatensi et Aquensi.

2) Es ist auffällig, dass auf die Bitte des Gesandten um den
Zehnten in Aix, er verweigert wird in Aix und Arles: will man
keine Verstümmelung der Urkunde annehmen, würde es sich vielleicht
daraus erklären lassen, dass Aix schon längst in Abhängigkeit von
Arles war (Hüffer, Burgund zu Kaiser und Reich 99) und die Curie
sich hier auch genauer als der Bittsteller ausdrückt.

3) Raynald 1284, § 4. Der Befehl an Johann (5. Mai 1284,
Orvieto) stimmt genau mit dem obigen Schreiben Martius überein.
— Es braucht wol kaum bemerkt zu werden, dass wenn in dem
nachher erwähnten Antwortschreiben des Honorius statt Toul „Basel"
steht, dies, wie aus den obigen Verhandlungen hervorgeht, ein Irrthum ist.

Das war in der That ein kühnes Unterfangen: konnte
der deutsche König da ruhig bleiben? Rudolf hat ein
Jahr nach der Verleihung, als Martin todt war, dessen
Nachfolger Honorius IV. zusammen mit der Gratulation
zu seiner Wahl einen Protest gegen die Erhebung des
Zehnten für den französischen König auf deutschem Boden
zugeschickt.[1]) Eine abschlägige Antwort war die natür-
liche Folge dieses lauen Vorgehens. Man wusste in Rom,
dass der König von Frankreich vielleicht den Krieg aufgeben
würde, wenn man ihm diese geistliche Unterstützung in etwas
beschränkte;[2]) von Rudolf glaubte man nichts Schlimmes
fürchten zu brauchen. Honorius erklärte ihm daher, er
könne, da Philipp mitten im Kriege begriffen, nicht zu-
rücknehmen, was Martin angeordnet; er bitte ihn also,
aus Ehrfurcht vor dem apostolischen Stuhl es geduldig zu
ertragen, zumal der Zehnte ja nicht auf lange Zeit übertragen sei, und, wie man glaube, nicht beträchtlich werden
würde. Rudolf machte die Berechnungen der Curie wahr
und begnügte sich mit dieser Erklärung. So geschah es,
dass der Zehnte vier Jahre lang aus jenen Bisthümern
nach Frankreich abgeführt ward.

Als die Zeit verflossen war, erneuerte Pabst Nikolaus
IV. die Verleihung Martins auf drei Jahre.[3]) Lautes

---

1) Ersichtlich aus dem Antwortschreiben des Honorius vom
1. August 1285, Tibur; Raynald 1285, § 23. Den Brief Rudolfs
überbrachte Meister Heinrich von Klingenberg.

2) Philipp hat schon im Jahre 1284 solche Drohungen vorgebracht;
vgl. die Ermahnungen Martins bei Amari II, p. 323.

3) Raynald 1289, § 13. — Tabul. Rob. Mignon, Bouquet XXI,
p. 524 (fälschlich Martin statt Nikolaus); Joh. a. S. Vict., Bouquet
XXI, 633, sagt fälschlich ‚decimam biennalem.‘ Ein interessantes
Capitel über den Zehnten bringt Boutaric, La France sous Philippe
le Bel p. 277 ff.

Murren erhob sich da in Deutschland gegen Rudolf, dass
er das Reich nicht schütze, sondern geduldig und wider
seine Würde trage, dass Philipp IV., die Grenzen nicht
achtend, sich an dem Bestand desselben vergreife.[1] Man
konnte auf wiederholte Fälle hinweisen: gerade in letzter
Zeit waren die Klagen der lothringischen Grossen in der
Sache des Grafen von Bar erfolglos verhallt. Rudolf wandte
sich von neuem an den Pabst; er bekennt ihm, wie un-
willig die Fürsten, Barone und Magnaten wären; er bittet
ihn, die Kirchen zu befreien! Doch Nikolaus belehrt ihn
nun, dass es nicht zum Vortheil des französischen Königs,
sondern zum Nutzen der Kirche geschehen sei, deren
Sache jener jetzt vertrete. Auch solle dem Reich dadurch
kein Präjudiz geschaffen werden, Philipp keine Rechte auf
jene Diöcesen erwerben; alles gipfelt in dem Satz: Rudolf
möge es auch diesmal geduldig hinnehmen! Und Rudolf
hat das gethan; wir erfahren wenigstens von seiner Seite
nichts wieder in dieser Angelegenheit. Aber die Bisthümer
zahlten ihre Schätze an Philipp IV., welche dieser vielleicht in
seinen damaligen Intriguen gegen das Reich verwandte.

In Deutschland scheint vorzüglich der Zehnte in Lüttich, Metz, Toul und Verdun Aufsehn erregt zu haben,
denn Rudolf beschwerte sich allein dieser Stifter wegen

---

1) Ersichtlich aus Nicolaus' Antwortschreiben vom 3. Juli 1290,
Orvieto. Rudolf hat geschrieben: quod principum, magnatum et
et baronum imperii adversus excellentiam regiam murmura succres-
cebant, quasi dictum imperium minime tueatur, patienter et indigne
ferendo, ut charissimus in Christo filius noster Philippus rex Francorum illustris excedat limites regni sui, aliqua contra ipsius statum
imperii et in depressionem ejus non modicam attentando. Raynald
1290, § 21.

am päbstlichen Hofe.[1]) Das ist wol daher erklärlich,
weil sie zwei deutschen Kirchenprovinzen, der Kölner und
der Trierer, angehörten. Die Belastung der burgundischen
Erzbisthümer ward weniger beachtet: sie lagen dem Ge-
sichtskreis der Patrioten zu fern, auch waren ihre Metro-
politen selbst französich gesinnt, hatten zum Theil Reichs-,
zum Theil französische Kirchen unter ihrer Obhut.

Wie gross die Summen waren, die nach Frankreich
giengen, mögen die Deutschland znnächst gelegenen Bisthümer veranschaulichen.[2])

Der Theil von Cambray, der zum Reich gehörte,
zahlte am meisten: in den drei Jahren des zweiten Zehnten, ohne Abzug der Unkosten, 36,990 Pfund Tourer
Währung und 15 Denare.[3]) In Lüttich, Toul, Verdun
betrug die Gesammtsumme für die zwei ersten Jahre —
nur die Pfunde gerechnet — 17,630 Pfund;[4]) in der ganzen Provinz Besançon (Besançon, Lausanne und Belley)
5593 Pfund 14 Solidi 11 Denare:[5]) verhältnismässig wenig, aber erklärlich, weil dieser neue Zehnte gerade hier
hart traf. Man hatte erst den sechsjährigen bezahlt, der
in Lyon für das heilige Land ausgeschrieben war, dann
den vierjährigen für Aragon, daneben den vierten Theil

---

1) Nach dem Antwortschreiben des Honorius; Raynald 1285, § 23.

2) Hier bilden die bei Bouquet XXI abgedruckten Tafeln über
den Betrag der Zehnten eine vorzügliche Quelle.

3) Bouquet XXI, 547. Cambray war also jetzt nicht mehr ausgenommen.

4) Bouquet XXI, 547. Ward der Zehnte im 3 Jahre nicht
eingezogen? Von Toul wird er im 3. Jahr genommen a quibusdam
personis, quae delationem non acceperunt. Metz fehlt ganz; nur von
den exempten Gütern ist der valor angegeben.

5) Bouquet XXI, 555 ff.

der Kircheneinkünfte dem päbstlichen Legaten sechs Jahre
lang entrichtet.[1]) Jetzt war das Land durch den Krieg
Rudolfs gegen Otto von Burgund und die Stadt Besançon
verwüstet; das Getreide lag niedergetreten, die Wein-
berge zerstört, die Häuser in Asche. Das alles theilte
man dem Pabste mit: doch einen Erlass des Zehnten erlangte
man nicht.

Mit dem Tode Rudolfs von Habsburg bietet sich ein
Ruhepunkt in den gegenseitigen Beziehungen Frankreichs
und Deutschlands; aber gleich nach der Thronbesteigung
Adolfs entbrennt von neuem der Kampf: wie sollte es
auch anders kommen! Auf der ganzen Westgrenze des
Reichs, von der Rhone bis zur Nordsee, war Uebergriff
auf Uebergriff von französischer Seite gewagt: noch war
keiner gesühnt und schon schritt Philipp IV. weiter: es
ward hohe Zeit, dass ihm ein Halt entgegengerufen wurde.

Das Resultat von Rudolfs äusserer Politik kann so
freilich kein glückliches genannt werden. Wie in der
ersten Hälfte seiner Regierung sich entschieden hatte, dass
das alte Reich nicht wiederkehren sollte, so hatte sich
Rudolf in der zweiten auch nicht der Aufgabe gewachsen
gezeigt, ein enger umgränztes Gebiet zu schützen: Deutschland war mit nichten in seiner Integrität bewahrt.

Gewiss stand dem ersten Habsburger manches ent-

---

1) Insuper solvit per sex annos quartam partem suorum redituum
pro procurationibus reverendi patris domini . . . apostolicae sedis
legati etc. Dunod, hist. des Sequanois II (hist. de Bourgogne),
p. 603 f. Brief des Cistercienser Abtes Thomas an den Pabst vom
24. Mai 1290.

gegen, das ihn bei jedem Beginnen hinderte: die Ohnmacht, welche der deutsche König als solcher hatte, die Gewalt der Territorialherren; aber Rudolf mangelt zu dem
allen noch vieles. Ihm fehlen die Eigenschaften, die
überhaupt einen Regenten gross machen: die eifersüchtige
Liebe für das Ganze seines Landes; Energie, Umsicht,
Ausdauer, oder wie Ottokar es als Erfordernisse für den
zukünftigen König verlangt: „Gewalt, Witze und Kraft."[1])
Mögen die Gegenden, wo es eine Hausmacht zu gewinnen
galt, sich seiner Fürsorge gefreut haben, Deutschland dem
Auslande gegenüber hat wenig heilsames von ihm erfahren:
darum — wenn auch nicht allein deshalb — haben die
Grossen gegen ihn gemurrt, die Städte sich empört, hat
das Volk einen zweiten Friedrich auf den Schild gehoben.
Ward aber dennoch sein Bild von einer nicht viel späteren Zeit mit den glänzendsten Farben gemalt, so war es
das Interregnum, das seiner Regierung zur Folie diente,
und seine ritterliche Natur, die der Sage willkommen war.

---

1) Ottokar c. 380, Pez III, p. 349.

IV. Beilagen.

A.

Eine der vorzüglicheren Quellen für die Geschichte der Zeit Rudolfs I. bilden die in den Formelsammlungen erhaltenen Musterbriefe, deren Bedeutung von der zweiten Hälfte des 13. Jahrhunderts an mit ihrer grösseren Zahl in gleichem Masse sich mehrt: es gibt nicht wenige Ereignisse, die durch solche oft der wichtigsten individuellen Beziehungen entbehrenden Schreiben erst für uns in ihr rechtes Licht gerückt werden und andere, von denen wir ohne sie nichts wissen würden. So kommt Busson[1]) auf Grund solcher Briefe zu dem interessanten Resultat, dass im Sommer 1254 ein Projekt in Deutschland gefasst war, an Stelle Wilhelms von Holland neu zu wählen und Ottokar von Böhmen zum König zu erheben, und Scheffer-Boichorst (Forschungen VIII., S. 554 ff.), dass eine vor Ostern 1182 angesetzte Zusammenkunft des deutschen Kaisers mit dem französischen Könige hinausgeschoben, resp. ganz unterblieben sein mag. Beide aber vertreten zugleich die Ansicht, dass die Briefe, um die es sich handelt, nur Stilproben sind, die ein der Ereignisse kundiger Diktator verfasste. Da ist es schwierig, die Grenze festzustellen, wo das Verarbeiten wirklicher Facta in ein Entstellen derselben, vielleicht in ein Erdichten neuer aus-

---

1) Ueber einen Plan an Stelle Wilhelms von Holland Ottokar von Böhmen zum römischen König zu erwählen (Archiv f. östr. Gesch. 40. Bd., Wien 1868) S. 131—155.

artet. Je öfter wir in die Lage kommen, solche Schreiben zu gebrauchen, desto öfter wiederholt sich auch für
uns die Frage nach ihrer Echtheit, die da sehr fraglich
erscheinen muss, wo die Ueberlieferung der Chroniken und
das urkundliche Material hartnäckig jede Auskunft wei-
gern. Im Ganzen stimme ich für die Rudolfinischen Briefe
Bärwalds Ansicht bei, der wenigstens in den Briefen des
Baumgartenberger Formelbuches durchweg historische
Aktenstücke sieht, deren besondere Beziehungen sich noch
ermitteln lassen müssten.[1])

Die Vergleichung grade der Rudolfinischen Briefe mit
den erhaltenen Urkundenschätzen lässt die grosse Masse
als wirklich geschrieben und abgesandt entdecken und
nichts hindert von diesen auf die wenigen übrigen durch-
gehends im selben Ton gehaltenen zu schliessen: wie selten ein Brief verworfen zu werden braucht, lehrt ein
Blick in die schon erwähnte Bärwaldsche Edition des
Baumgartenberger Formelbuches, kommt aber hin und
wieder ein solcher vor, so glaube ich durchaus, dass es
keine Stilprobe,[2]) sondern nur ein vom Diktator corrum-
piertes Schreiben ist. Es finden sich ja Briefe, in denen
erst die Anfangsformeln und Individualien weggelassen,
nachher aber wieder falsche eingerückt wurden.[3]) Bei
den Schätzen, die in der Kanzlei des Königs angehäuft
liegen mochten und die den Diktatoren, die selbst nur
wieder zum Nutzen und für den Gebrauch ihrer Kanzleien
schrieben, stets offen standen, lässt sich kein Grund ab-

---

1) Baumgartenberger Formelbuch, Einl. p. X.

2) Ich spreche hier nur von den Briefen, die historischen Inhalt
haben: für diese halte ich an der Behauptung fest, dass es zur Zeit
Rudolfs keine sogenannten Stilproben auf Grund wahrer Thatsachen
mehr gibt.

3) Z. B. die Briefe des Baumgartenberger Formelbuchs S. 110,
386, 354; vgl. die vorletzte Anm. in Beilage B.

sehen, warum die Schreiber es vorziehen sollten, mit Mühe
Briefe abzufassen und diese Früchte ihrer Gelehrsamkeit
an die Stelle wirklich geschriebener zu setzen. Wie sie
aber solch' eine Kenntnis diplomatischer und andrer Vorgänge nach den verschiedensten Seiten hin haben können,
wie doch Busson annehmen muss, wenn er die obengenann-
ten acht Briefe Stilproben auf Grund wahrer Thatsachen
sein lässt, ist mir räthselhaft.[1]) Dass freilich die einzelnen Formelsammler ihre Briefe auf das wunderlichste oft
umgestalteten, Namen nicht nur wegliessen, auch wegge-
lassene falsch ergänzten, soll nicht bestritten werden; es ist
schwer, in den einzelnen Werken feste Grundsätze bei der
Umänderung der Briefe zu blossen Formeln zu entdecken,
den Unterschied in der Arbeitsweise des einen Autors
von der des andern festzustellen, doch aber ist es für den
Benutzer dieser Bücher nothwendig, seine Ansicht über sie
und sein Verhältniss zu ihnen mit wenigem anzudeuten.

Für uns sind von näherem Interesse das Baumgartenberger Formelbuch, die Summa curie regis und die Gerbertsche[2]) und Bodmannsche Sammlung. Die zahlreichste

---

1) Ich halte diese Briefe für nur corrumpiert, aber sonst für
durchaus authentisch. „Der Mangel jeglicher Datierung," „die schöne
Aufeinanderfolge der Responsiva auf die jedesmalige Frage" ist doch
allein die Schuld des kürzenden und zusammenstellenden Diktators.
Die genaue Berücksichtigung des im ersten Briefe gesagten in dem
Antwortschreiben tritt durchaus nicht mehr hervor, als in vielen andern, unstreitig ächten. Ich erinnere daran, wie wir oft aus päbstlichen Antwortschreiben ganz genau wissen können, was im Frage-
brief gestanden.

2) Die Gerbertsche Sammlung ist der Abdruck eines unter dem
Namen des Abtes Seifried von Zwetl gehenden Codex, der erst nicht
so reichhaltig war, bis Seifried einen Codex in Heiligenkreuz fand,
aus dem er ihn vervollständigte (vgl. Gerbert, praefatio p. 1). — Ein
Theil des Codex war schon von Cenni, Mon. punt. domin. II, 303 ff.,
publiciert, der die Briefe in einer Abschrift des Cardinals Passioneus
erhielt: die Abschrift ist wol von dem nicht vervollständigten Sei-

und auch wichtigste von diesen, die Sum. cur. reg. mit
317 Briefen, ist grade die, welche noch einer vollständi-
gen Publikation harrt, während das Baumgartenberger
Formelbuch — zwar mit manchen nur ihm eigenthüm-
lichen Briefen ausgestattet, für den Historiker jedoch durch
den absoluten Mangel aller individuellen Beziehungen von
geringerem Werthe — in der ebenerwähnten guten Ausgabe vorliegt. Die Baumgartenberger Sammlung über-
trifft noch die Gerbertsche in der Verwischung aller besonderen Bezüge. Nur ein einziges Mal ist im Baumgartenberger
Formelbuch der Name des Absenders und Empfängers am
Anfang des Briefes beibehalten.[1]) Der Verfasser ist leider
der geschickteste in seiner Kunst, nur sehr selten hat er
aus Bequemlichkeit und Unachtsamkeit im Text des
Schreibens diesen oder jenen Namen zu streichen ver-
gessen; die Regel ist ihm jenes N., talis u. s. w. Die
Sprache der Briefe ist nicht unwesentlich moduliert[2]), die
Schlussformeln häufig fortgelassen.[3]) Er gesteht selbst, dass
er die Briefe, die er de magnorum dictatorum formulariis
genommen, da vielfach der Schreiber gefehlt, auch die

---

fridschen Codex genommen (vgl. Cenni II, 299); so erklärt sich der
grössere Reichthum der Gerbert'schen Sammlung. Bei Gerbert
fehlt nur ein Brief des Cenni (lib. II, 5), den Ersterer dafür seinen
Fasten einfügt (S. 96). Ich bemerke hier ein für alle Mal, dass ich
gewöhnlich nur Gerbert, nicht auch Cenni citiere.

1) B. F. S. 349. Der Brief fehlt übrigens, wie B. mittheilt, im
MS. von Zwetl.

2) Vgl z. B. F. S. ?05 mit Bodmann S. 49 und Palacky,
über Formelbücher S. 319. — B. F. S. 369 mit Bodmann S. 77. —
B. F. S. 110 mit Theiner, cod. dipl. dom. I, S. 187 u. s. w.

3) B. F. S. 307, vgl. Gerbert II, 39; Sum. cur. reg. 367 .M 281.
— B. F. 339 .M 41, vgl. Gerbert III, 25, S. c. r. 361 .M 265. —
B. F. S. 369, vgl. Bodmann 77 und cod. Lubec. I, 331.

Reihenfolge zu tadeln ist, so gut wie möglich verbessert
und neu geordnet hat.[1])

Weit besser die Sum. cur. reg., die durch ihren
Reichthum an individuellen Beziehungen häufig zur Bestimmung der Baumgartenberger Briefe dienen kann; nur
darf man in solchem Falle nicht eben die Wahrmachung
des Palackyschen Wortes: „Dass man also schon vieles
wisse, um noch Mehreres erfahren zu können,"[2]) stets auch
von den Baumgartenberger Briefen hoffen. — Eine nähere
Vergleichung der einzelnen Sammlungen, die darauf ab-
zielte, den Grad der Verwandtschaft derselben unter einander festzustellen, zu constatieren, welche direct aus der
Kanzlei, welche aus zweiter Hand, d. h. aus Formularien
wieder compiliert sind und aus welchen, führte mich bei
den für diesen Zweck zu mangelhaften Nachrichten von
den einzelnen Handschriften,[3]) zumal auch die Briefe oft
nur einmal gedruckt und von der einen Sammlung auf
die andere verwiesen wird, zu keinem Resultate.[4]) Nur
das sei hier bemerkt, dass die Sum. cur. reg. — abgesehen davon, dass schon der Name darauf hindeutet —
obgleich vielleicht später entstanden, doch wol ohne
Zweifel der Kanzlei am nächsten steht; die immerhin
grosse Zahl individueller Beziehungen in den Brie-

---

1) B. F. S. 86.: multas elegantis stili . . . inserui epistolas, quas
de magnorum dictatorum formulariis excerptas, dum hinc inde
vicio scriptorum esset erratum multipliciter in eisdem
et incongruo nimis ordine registrate, de parvitate mei ingenioli,
utcunque potui, correxi, ipsas ordine congruo connectendo.

2) Palacky, über Formelbücher zunächst in Bezug auf böhm.
Gesch. (Abh. d. Böhm. Gesellschaft d. Wissenschaften, V. Folge, 2. Bd.
1843). S. 221.

3) Archiv der Gesellschaft für deutsche Geschichtskunde, Bd. 7,
847 ff. und Bd. 10, 447 ff.

4) Ich glaube, dass diese bis jetzt nicht angewandte Methode bei
der Herausgabe von Briefen die einzig richtige ist.

fen,[1]) die oft mit überlieferten Namen des Absenders und Adressaten, die dort ganz allein zu finden sind, scheinen bestimmt
dafür zu sprechen. Auch die durchweg selbstständigen Les-
arten deuten das an, doch lässt sich, da leider nur eine kleine
Zahl von den Briefen, die auch in andern Sammlungen
enthalten, gedruckt sind, nichts bestimmteres hierüber sagen.[2]) In Betreff des Baumgartenberger Formelbuchs darf
man dagegen ohne Zögern dem eigenen Verfasser zustim-
men, wenn er sagt, dass er „de magnorum dictatorum formulariis" geschöpft habe. Die Verwandtschaft mit den Gerbertschen
Briefen ist oft auffallend: man kann auf eine Benutzung des
Codex epistolaris in Heiligenkreuz, dessen sämmtliche Briefe
mit Ausnahme eines einzigen in die Gerbertsche Sammlung aufgenommen sind, schliessen; will man das nicht,
so mag man sich die Verwandtschaft anders erklären,[3]) nur
das steht wiederum fest, dass die Episteln des Mönchs
von Baumgartenberg bald hier bald dort durch kleine
Textänderungen, Weglassungen des Schlusses u. s. w. ver-
schlechtert sind.

Da ein jeder Sammler seine eigenen Grundsätze des
Veränderns, Stehenlassens und Aufnehmens hatte, wird
immer eine genauere Untersuchung grosse Schwierigkeiten
bieten, trotzdem aber dürfte eine kritische, abschliessende[4])
Sammlung aller der einzelnen, in den Formularien dieser

1) Vgi. z B. B. F. S. 386 .M 38 und Gerbert III, 31 mit S.
c. r. S. 358 .M 232.

2) Auch die Bodmannschen Briefe bieten einen ganz selbständigen und bei manchen eigenen Fehlern doch den wirklichen Urkunden sehr nahe kommenden Text Nirgends hat der Verfasser mit
ähnlicher Willkür verfahren, wie der Mönch von Baumgartenberg.

3) Die Sum. cur. reg. verräth gar keine Verwandtschaft mit der
Gruppe Heiligenkreuz: sie ist durchaus selbständig.

4) Selbst Bärwald scheint einige Male das Vorkommen eines
Briefes in einer andern Sammlung entgangen zu sein; wenigstens
citiert er sie nicht, noch bestimmt er nach ihnen Briefe des B. F.;

Zeit zerstreuten, historisch interessanten Briefe für die
Geschichte der Rudolfinischen Zeit von einiger Bedeutung sein.

B.

In dem Briefe des Baumgartenberger Formelbuches
S. 225 № 18 verspricht König Rudolf dem Pabste Gregor, am nächsten Osterfeste zum Empfang der Kaiserkrone
nach Rom aufzubrechen. Dann theilt er ihm mit, dass er
mit dem Könige von Frankreich vor kurzem eine Zusammenkunft gehabt, mit ihm ein Trutz- und Schutzbünd-
nis geschlossen habe.

Die Zeitbestimmung Bärwalds unterliegt für den ersten
Theil dieses Briefes keinem Zweifel. Zu Lausanne im
October 1275 hatten Gregor und Rudolf sich über die
Kaiserkrönung verständigt, sie auf Pfingsten 1276 ange-
setzt (Ann. Basil. Mon. Germ. SS. XVII, 198). Bärwald
lässt den Brief daher mit Recht 1275 December oder 1276
Januar geschrieben sein. Gregor starb am 10. Januar
1276; bevor Rudolf hiervon Kunde hat, versichert er ihm
noch einmal schriftlich, was er ihm mündlich gelobt, „ab-
sterso cuiuslibet dubietatis involucro:" es wäre nicht das
erste Mal gewesen, dass Rudolf sein Versprechen, zur
Krönung zu kommen, nicht erfüllt hätte.

Während sich im Baumgartenberger Formelbuch an
diesen Theil des Briefes eine zweite Hälfte schliesst, findet sich die erste bei Gerbert allein als besonderes Schreiben mit einem andern Schluss.[1]) Es heisst statt: quod in
proximo nunc instanti festo resurrectionis dominice iuxta

z. B. wäre das letztere zu thun: B. F. S. 266 № 52 nach Sum. c.
reg. 340 № 130. — B. F. S. 238 nach S. c. r. 319 № 6.

1) Gerbert II, 28.

vestre beatitudinis placitum e vestigio ad coronam imperii procedemus, bei Gerbert: quod in proximo nunc instanti festo resurrectionis dominice in Mediolano presentes, hinc iuxta beatitudinis placitum e vestigio ad coronam imperii procedemus, transmittentes vobis has litteras nostras patentes in testimonium super eo. Es liegt auf der Hand, dass die längere Lesart die ältere, also auch die ursprüngliche ist. Schon das Plus „in Mediolano presentes hinc" erlaubt nicht, sie für eine Interpolation zu halten. Wollte man einen Brief in zwei zertheilen, so konnte man die gebräuchliche Formel „transmittentes etc." wol hinzufügen, doch das „in Med. pres. hinc" in den Text einzuschieben, lag auch nicht der geringste Anlass vor. Der Baumgartenberger Mönch strich das Med. etc. wie alle Namen und das transmittentes etc. wie (siehe Beilage A.) überhaupt die officiellen Schlussformeln. Nachher mochte ihm der erste Brief zu kurz erscheinen und, ohne bestimmten Schluss wie er jetzt war, knüpfte er, — wir werden es später sehen — den folgenden Brief gleich an das Ende des verstümmelten vorstehenden an.

Hierzu kommt vor allem, dass mit dem Satz „in Med. pres. hinc" der Brief erst seinen richtigen Sinn erhält, denn dass Rudolf die Absicht hatte über Mailand nach Rom zu ziehen, ersehen wir aus dem Brief der Sum. cur. reg. 364 № 264, in dem er den Patriarchen von Aquileja ersucht, für seine bevorstehende Romfahrt den besten Weg ausfindig zu machen und „mit ihm in Mailand zusammenzutreffen, indem er den Termin der Krönung durch den Gesandten, der jetzt zum Pabste reist, erfahren wird."[1]) Dieser Brief ist demselben Gesandten

---

1) Stobbe gibt nur eine Inhaltsangabe; bei Gerbert II, 1 und B. F. S. 388 gedruckt, aber es fehlt der letzte und für uns wichtigste Theil.

mitgegeben, welcher das obige offene Schreiben Gregor X.
überbringen sollte,[1]) also December 1275 oder Anfang Januar 1276: es war die erste Gesandtschaft an die Curie,
die wieder ihren Weg über Aquileja nehmen konnte, da
von Ende 1273 bis Ende 1275 Gregor im Arelat verweilt,
jetzt auf der Heimkehr nach Rom sich in Oberitalien
befand.

Auch Gregor gegenüber hatte die Erwähnung Mailands einen tieferen Sinn. Seit 1274 hatte Gregor ununterbrochen Rudolf brieflich und durch Gesandte ermahnt,
vor allen Dingen in Mailand zu erscheinen. Er weist hin
auf die Wirren, wie seine Gegner immer mehr Boden
dort gewinnen.[2]) Was ist natürlicher, als dass Rudolf
speciell Mailands in seinem Schreiben gedenkt? Nicht viel
später mögen auch die begehrten deutschen Truppen eingetroffen sein.[3]) Ferner passt die ganze Zeit, im Baumgartenberger Formelbuch verschoben, so besser: nachdem
das Osterfest (5. April) in Mailand gefeiert, konnte Rudolf
bequem zu Pfingsten (24. Mai) in Rom sein.

Es wäre demnach der erste Theil dieses Briefes ein
besonderes Schreiben, die Fassung bei Gerbert die echte;
dies wird bestätigt durch die Ueberlieferung, in welcher
der Brief uns überkommen ist, die Bärwald allerdings
nicht berücksichtigt zu haben scheint. Er weiss nicht,

---

1) Es heisst im Briefe: in termino (scil.: conveniendi) quem N.,
quem ad pedes domini pape transmittimus, nostro nomine tibi pandet
expressius.

2) Theiner, Cod. dipl. dom. I, № 338; Villani, lib. VII, c. 43.
Nachdem hier Greg. Rudolf als eletto re de' Romani bestätigt und mit
ihm die Kaiserkrönung verabredet hat, heisst es: c'l detto Ridolfo
promise sotto pena di scommunicazione d'essere iu Milano infra
certo tempo.

3) Ann. Basil. Mon. Germ. SS. XVII, 198. Busson bei Kopp,
Gesch. der eidgenössischen Bünde II, 3, S. 9.

dass dieser Brief auch in der Sum. cur. reg. steht[1]) und zwar, wie hier so oft, mit dem Namen des Adressaten am Anfang: Sanctissimo patri et domino reverendo G.; schon das hätte Bärwalds Beweis, dass dieses Schreiben nur an Gregor, nicht an Honorius IV. oder Nikolaus IV. gerichtet sei, stärken können. Die Sum. cur. reg. aber bietet den Brief in der kürzeren Fassung mit dem älteren Schluss, ein wol zu beachtendes Zeugniss. Als Gerberts Quelle für den kürzeren Text kann der erwähnte Cod. ep. in Heiligenkreuz[2]) gelten, der nach dem, was wir oben über die Sum. cur. reg. gesagt (vgl. S. 146 Anm. 2), gewiss nicht in direkter Verwandtschaft zu dieser steht. Das dritte Zeugniss für die kürzere Fassung bietet endlich die Wiener Handschrift Philol. 383, jetzt 2493, fol. 43,[3]) eine Sammlung mit Briefen, sowol historischen, wie privaten Inhalts, unter beiden manches, was sonst nicht gefunden wird. Dieser dreifachen Ueberlieferung stehen allein die verschiedenen Handschriften[4]) des einen Baumgartenberger Formelbuchs entgegen, also der Sammlung, die den geringsten originalen Werth hat.

1) S. 364 № 263.
2) Sum. cur. reg. a. a. O. und Archiv X, S. 599. --
3) Archiv X, S. 525.
4) Ueber die Handschriften vgl. Bärwalds Einl. p. XI und Rockinger, Briefsteller und Formelbücher des 11. bis 14. Jahrhunderts (Quellen z. bair. u. deutsch. Gesch. 9. Bd.) II, 721 ff. Da Bärwald nur die Wiener Handschrift 409 (Philol. 61) und die Zwetler bei seiner Edition benutzt hat, schien es mir angezeigt, auch die zwei andern, die diesen Brief enthalten, zu Rathe zu ziehen. Durch die Güte des Herrn Ottokar Kernstock, Archivar des Chorherrenstifts Voran in Steiermark, ward mir eine Abschrift aus dem dortigen Papiercodex (s. Rodinger II, 723; B. F. a. a. O.) zu Theil: sie zeigt als Abweichungen nur einige unbedeutende Schreibfehler. Ebenfalls sind die Varianten des Cod. lat. mon. 16125, die Herr Dr. Laubmann in München mir mitzutheilen die Freundlichkeit hatte, ohne Werth für uns.

Nach alledem bleibt wol kein Zweifel, dass wir es mit
einer Verbindung zweier sich fremder Briefe zu einem
Ganzen zu thun haben: als Urheber derselben dürfen wir
den „verbessernden" Mönch von Baumgartenberg ansehen.[1])
Der zweite Brief bietet die grössten Schwierigkeiten:
nirgends ist etwas von einer Zusammenkunft zwischen
Rudolf und Philipp III. berichtet; das Itinerar gestattet
eine solche nur für Rudolf zwischen dem 31. Oct. 1275,
wo er auf der Rückreise von Lausanne in Bern urkundet[2])
und dem 18. November, wo er mit seiner Gattin und
Bischof Heinrich von Basel, seinem Vertrauten, in Basel
einzieht.[3] — Philipp von Frankreich ist am 16. October
in Paris. Bouquet[4]) lässt ihn darauf noch in Evreu in
der Normandie weilen; doch da kein bestimmtes Datum
überliefert, mag das auch vor dem 16. October gewesen
sein. Am 20. November finden wir ihn wieder in Paris.
Dass die gleichzeitigen Chroniken, selbst die benachbarten
Ann. Basil., von dieser Zusammenkunft nichts wissen, erregt unsern Argwohn. Auch die Thatsache, wie der Brief
uns überkommen ist, macht unsern Zweifel lebendig. Doch
genügt das alles bei weitem nicht als Beweis gegen die Echtheit desselben: man erinnere sich, wie unendlich dürftig
in dieser Periode die historiographischen Aufzeichnungen
sind. — Die Form des Schreibens selbst trägt durchaus die

1) Das Rubrum im B. F. gibt uns den Inhalt des zweiten Briefes
an: rex Romanorum domino pape, significando et pacem et concor-
diam perpetuam quam cum rege Francie firmavit (Rokinger II, 814;
so auch Gerbert II, 28 Anm. 1). Die S. c. r. nennt den Inhalt des ersten Briefes: rex litteris suis obligat so ad recipiendam
certo dio in eisdem expresso coronam a domino papa.
2) Vgl. Böhmer, Reg. Rudolfs S. 74 (mit dem Zusatz, dass R. zugegen war); Addit. II, № 1284; Act. imp. sel. p. 325.
3) Ann. Basil. a. a. O. S. 198.
4) Bouquet XXI, 426.

Zeichen der Glaubhaftigkeit an sich. Die genaue Be-
schreibung, was bei der Zusammenkunft sich ereignet, was
verhandelt ist, lässt kaum an eine Fiction denken: im Gegentheil, man sieht, wie das Schriftstück nachträglich erst von
dem Sammler zugestutzt, seiner Eigenheiten beraubt ist:
statt Ort und Zeit wird ein „tali tempore atque loco" ein-
geschoben.

Aber passt denn der Brief in die Zeitverhältnisse
hinein? Vortrefflich! Es ist oben gezeigt worden, wie
der Pabst entschieden auf eine solche Zusammenkunft
hingearbeitet haben wird; wir haben gesehen, dass er sich
die Rolle des Vermittlers nicht verdriessen liess, die er-
wünschte Eintracht zwischen Deutschland und Frankreich
herzustellen: es galt ihm, die Sache Gottes auch hierdurch zu fördern. Philipp III. andrerseits plante einen
Zug gegen Spanien und Rudolf mochte ein Freundschafts-
bündnis mit Frankreichs Herrscher mehr am Herzen liegen, als die gelobte Romfahrt: sein Krieg mit Ottokar
stand nahe bevor. Auch die im Schreiben erwähnten
„universas et singulas promissiones seu ordinaciones hinc inde
per nostros consiliarios diversis temporibus inchoatas et tandem utriusque nostrum patentibus litteris approbatas" würden
wir als während des letzten Jahres geschehen betrachten dürfen: die phrasenhaften Uebertreibungen des Brieflateins können hierbei in Anrechnung gebracht werden. — Man würde
endlich vielleicht annehmen wollen, der Brief bezöge sich auf
eine andre Zusammenkunft: es wäre im Baumgartenberger
Formelbuch nicht das erste Mal, dass „rex Francie" für einen
andern deutschen Nachbarfürsten stände.[1]) Man dürfte

_____

1) B. F. S. 110 für Karl I. von Sicilien (Theiner I, 187; Palacky, Ital. Reise S. 44 № 343). — B. F. S. 386 für denselben
(S. c. r. S. 358 № 232). — B. F. S. 354 für rex Bohemie.

dann nur an die Begegnung mit Karl II. von Sicilien zu Cudrefin Anfang Mai 1291 denken.[1]) Doch ist kein Grund ersichtlich, weshalb Rudolf mit solcher Wichtigkeit sie dem Pabste Honorius IV. hätte melden sollen: nach der Verschwägerung der beiden Häuser war dazu kein Grund mehr vorhanden.

Wir müssen daher sagen, dass es zwar nicht erwiesen, aber immerhin sehr möglich ist, dass Anfang November 1275 an der deutsch-französischen Grenze eine Zusammenkunft zwischen Rudolf und Philipp stattgefunden hat.[2])

1) Böhmer, Reg. Rudolfs Addit. I, S. 390. Kopp, Gesch. d. eidg. Bünde I, 4, 463.

2) Bärwald sich anschliessend hat Lorenz, Deutsche Gesch. II, 670, nachträglich diese Zusammenkunft acceptiert.

C.

Lorenz, Deutsche Geschichte II, 306 Anm. citiert den Anfang eines bisher unedierten Briefes aus der Klagenfurter Briefsammlung, auf die Wattenbach im Iter Austriacum 1853 (Archiv für Kunde östr. Geschichtsquellen, 14. Bd.) S. 28 aufmerksam gemacht hat. Sie ist nach Wattenbachs Mittheilung aus dem 15. Jahrhundert, ungemein reichhaltig und mit besonderen Beziehungen zu Augsburg.[1] — Da das angeführte Schreiben möglichenfalls für die Geschichte des Arelats wichtig sein konnte, erbat ich von Herrn Professor Lorenz nähere Nachricht, der so gütig war, mir eine Copie zu schicken. Da diese aber zum privaten Gebrauch, nicht für die Veröffentlichung gemacht war, gelang es mir, von Klagenfurt noch eine zweite zu erhalten, die allerdings keine ganz befriedigende war. Der Text des Briefes ist von mir nach dieser Abschrift gegeben, doch habe ich die Lorenzische mit ihr verglichen, und wo offenbare Schreibfehler waren, die richtige Lesart eingesetzt.

Der Brief schien interessant genug, selbst in dieser Fassung fürs erste an das Licht zu treten.[2]

---

1) Wattenbach nennt die Sammlung № 83; ich bemerke hier, dass bei der Uebersendung der Copie sie mir von Klagenfurt aus als № 146 bezeichnet wurde. — Lorenz hat einen Brief dieser Sammlung veröffentlicht in seiner Abhandlung: Ottokar II. von Böhmen und das Erzbisthum Salzburg (Sitzungsberichte der phil. hist. Classe der kais. Akad. der Wiss. 33. Bd.) S. 504. Anm. 3, wo er auch über den Codex Auskunft gibt

Ich erlaube mir an dieser Stelle Herrn Prof. O Lorenz und dem Vorstand der Studienbibliothek in Klagenfurt für ihre Bemühungen meinen aufrichtigen Dank auszusprechen.

2) Ich bemerke noch, dass auch der Compilator der Sammlung seine Briefe recht incorrect abgeschrieben zu haben scheint. Vgl. zum Beweise unten S. 156. Anm. 1. u. 2.

Codex 146 fol. 163.

Magnifico principi domino Philippo dei gracia regi Francorum Illustri Rudolfus dei gracia Romanorum rex semper Augustus sincere dilectionis et amicicie continuum incrementum. Clamor validus pene omnium regni Arelatensis principum, plenus quidem querimoniis que graves iniurias indicabant, nuper auribus nostris insonuit et satis dire perturbacionis jaculo mentis nostre interiora pertransivit, dum ex eorum clamore concordi et querelosa voce cognovimus, insignem Vivariensem ecclesiam, que veluti nobile membrum imperii sub ipsius suavi dominio a tempore cuius non extat memoria assidua conquievit, per vestros officiales et subditos, preter conscienciam ut speramus et credimus, variis persecucionum malleis[1]) concuti et usque ad extreme vastitatis exterminium diris angustiis angustiari. Verum cum, divina gracia desuper misericorditer influente, legem illam salutiferam dederimus nobis ipsis, quod aliena concupiscere non velimus et nostris semper contentari limitibus. nunquam ad metas regni Francie in vestrorum iurum iniuriam miserimus manus nostras, serenitatem vestram regiam, cuius regnum aput vestros progenitores clarissimos ab antiquo stabilivit iusticia et iudicii rectitudo, rogamus plenissimo animi affectu, ut vos pro divina reverencia nostreque dilectionis et amoris intuitu, collocata pro oculis equitate, ad instar incliti domini L. patris vestri recolende memorie, vestros officiales et subditos memoratos curetis a dicte Vivariensis ecclesie turbacionibus et angustiis cohibere, sic quod per vos

---

1) Die eine meiner Abschriften las malliciis.

vel vestros ipsa ecclesia, que immediate subest imperio in
temporalibus, nullam senciat lesionem. Nam undique per
imperium nocione publica lacius est diffusum nec credimus
vos latere, qualiter sanctissimi patres nostri quondam domini Gregorius[1]) et Clemens summi pontifices predictum
dominum L. regem Francie patrem vestrum de statu dicte
ecclesie informabant, ad quorum instanciam ipse vester
genitor tanquam rex pacificus et zelator iusticie, recog-
noscens sepedictam ecclesiam prefato subesse imperio pleno
iure, ab eius iniuriis et molestiis cohibuit se et suos. Et[2])
ideo nos, qui divinitus Romani regni suscepimus guberna-
cula gubernanda, nobis et ipso imperio subiectas ecclesias
non volentes deserere nec valentes, ad hoc proponimus viros et vires exponere et exercere potenciam, quam prepo-
tens nobis germinabit Germania, et omnem quam possumus
operam operosius applicare, ut ipsa ecclesia, aspere perse-
cucionis jugo deposito, nostrum et imperii Romani domi-
nium suave sibi senciat et iocundum. Datum etc.

Aus dem Inhalte ergiebt sich von selbst, dass der
Brief an Philipp III. gerichtet war. Für die nähere Bestimmung der Zeit finden sich keine directen Anhalts-
punkte; schauen wir uns aber nach einer andern Nachricht
um, wann der Streit zwischen dem Stift und dem Seneschall von Beaucaire wieder lebendig geworden sein kann,
so werden wir wol kaum irren, wenn wir in dem Vertrag,
den der Abt von Mausiada aus der Diöcese von Viviers
mit den französischen Beamten 1284 Ende und Anfang
1285 schliesst, ein Zeugnis sehen, dass der Streit damals

---

1) Im Codex steht GR regis.
2) Hier wird ohne Absatz und Interpunction klein fortgefahren.

schon in vollen Flammen stand.[1]) Um die Zeit mag die
Beschwerde an Rudolf abgegangen und nicht viel später
die Antwort geschrieben sein.

Von den im Brief erwähnten päbstlichen Informatio-
nen über die Stellung Viviers zum Reich ist diejenige
Gregors natürlich nicht an Ludwig gerichtet gewesen, es
kann sich das nur auf Clemens IV. beziehen. Uebrigens
wird man durch die der Zeit nach entgegengesetzte, aber
dem Brief Gregors entsprechende Stellung der Namen zu
der Vermuthung geführt, ob das Gregorianische Schreiben,
von dem ja überdies gesagt wird, dass es weitverbreitet
sei, in Rudolfs Kanzlei vorlag. Die Bischöfe von Viviers
werden es zu ihrem Vortheil ausgebeutet haben.

D.

1.

In der Summa cur. reg. S. 361 und 362 finden sich
zwei Briefe: einer von einem Ungenannten „inferioris Germanie“ an den König geschrieben, dann ein Brief Rudolfs
selbst an den Pabst. Es fragt sich, wer den ersteren Brief,
der in der Summa der zweite ist, verfasst hat.

Der Ungenannte kann nicht der Bischof von Lüttich
sein, wie Sugenheim, Deutsche Geschichte III, 75 Anm. 28,
muthmasst, da seiner als einer dritten Person gedacht
wird. Denn die „alma ecclesia“ ist die Lütticher Kirche
und das „patrem Lugd. episcopum“ muss unzweifelhaft
in „patrem Leod. episcopum“ verbessert werden, welche
Lesart auch der ebenerwähnte andere Brief, der mit Bezug auf diesen geschrieben ist, hat. — Auch der Bischof

---

1) Gall. christ. XVI, instr. p. 262 .№ 30.

von Cambray kann nicht der Schreiber sein, denn dieser
hat nicht an Rudolfs Hofe verkehrt: es heisst aber am Ende
des Briefes, dass er in Bälde zu Rudolf zurückkehren
werde (ad presenciam Regie majestatis in proximo duce
altissimo reversurus).

Der Brief ist mit absichtlicher Tendenz gegen den
Grafen Guido von Flandern geschrieben. Er wird be-
schuldigt, Rudolfs Herrschaft abgeschüttelt zu haben; er
hat bis zur Stunde noch nicht den Lehnseid geleistet; er
conspiriert mit Frankreich. Der Todfeind Guidos aber,
der ganz solche Denunciationen machen konnte und sie in
der That immer vor Rudolf wiederholt hat, war Johann
Avesnes von Hennegau. Sein Zweck, gewisse Strecken
von Flandern als Reichslehen zu empfangen, ist bekannt.
Johann hat auch diesen Brief geschrieben. Er war am
königlichen Hof Januar 1276 (Böhmer № 226); Rudolf
fordert ihn jetzt auf, wiederzukommen, aber Johann antwortet, dass eigene Geschäfte ihn noch zurückhalten. Er
hat dann später seinen Bruder Balduin geschickt und ist
endlich selbst erschienen (Böhmer 549 und 550). — Der
Brief ist im April 1277 geschrieben, als der Krieg zwischen Guido von Flandern und Johann III. von Lüttich
eben durch den Machtspruch Philipps III. von Frankreich,
wie im Brief auch erzählt wird, beendet war. Vgl. Cartu-
laire de Namur (Mon. de Namur. Hainaut, Luxembourg
par Reiffenberg, Tom. I.) p. 14. Ausser Johann hat auch
der Bischof von neuem bei dem König geklagt, der dann
auf diese beiden Briefe sich stützend den Pabst um Hilfe
angeht; das geschieht in dem in der Summa vorhergehenden Schreiben.[1] Rudolf hat Gelegenheit gefunden, Ende

[1] S. 351. Ich mache auch darauf aufmerksam, dass allein die Partei-
verhältnisse, wie sie im Jahre 1277 in den Niederlanden waren, den
hier im Briefe geschilderten entsprechen.

Mai und Anfang Juni auch in andern Lütticher Angelegenheiten Briefe zu erlassen (vgl. Böhmer № 375
u. 377).

2.

Eine Nachricht des Matthias von Neuenburg konnte
von mir nirgends untergebracht werden. Es heisst bei
ihm c. 24 (p. 22 ed. Studer): Dicitur etiam quod cum
rex Francie illis diebus monasterium sancti Dyonisii, quod
imperio pertinebat, gravaret et pluries a rege Ruodulfo
rogatus non desisteret, tandem rege scribente Franco in
singulari quod desisteret, alioquin ipsum visitaret per
viros et vires quos sibi felix Germania germinavit, Fran-
cus se nolen sinbrigare cum illo quievit. — Studer druckt
am Rande seiner Ausgabe „1289 Oct. (?):" mit welchem
Rechte weiss ich nicht. — Die „illis diebus" gehen auf die
im vorhergehenden erzählte Geschichte vom falschen Friedrich. Da aber kein Autor chronologisch verwirrter ist,
als M. von N., so ist auf seine Zeitbestimmung garnichts
zu geben. Der Zusammenhang, in dem die obige Notiz
erzählt wird, ist folgender: Die Belagerung Pätterlingens
vom Jahre 1283; die Zusammenkunft Rudolfs mit Gregor X. in Lausanne vom Jahre 1275; die Kämpfe gegen
Bern vom Jahre 1288 und 1289; die Geschichte vom falschen Friedrich in Wetzlar vom Jahre 1285 und endlich
unsere Nachricht. Das alles soll natürlich auch zeitlich
aufeinander folgen. — Es ist eigenthümlich, dass die
Worte, die M. von N. Rudolf an Philipp von Frankreich
richten lässt, auffallend an den einzigen Brief, den wir
von Rudolf als in solcher Angelegenheit geschrieben ken-

nen, erinnern: Den Brief über Viviers. Aber es ist das
wol nur Zufall und solche Phrasen mögen sich auch anderswo wiederholt haben.[1])

1) Dicht bei Valenciennes lag ein Kloster St. Denis d'Anchin,
aber es gehörte schon zum französischen Königreich. Dies hatte im
Jahre 1286 mit Johann von Hennegau Streitigkeiten und trat damals
Philipp IV. für seine Kirche ein; Boutaric sagt hierüber (La France
sous Philippe le Bel p. 385 Anm. 3;): Déjà en 1286 Philippe le Bel
avait dû intervenir auprès du comte de Hainaut et lui interdire de
molester l'abbaye d'Anchin. Reg. XXXIV. du Trésor des chartes
№ 34.